TASTY

Más de
80 recetas fáciles
y deliciosas

TASTY

MR

Más de 80 recetas fáciles y deliciosas

El recetario oficial de la comunidad gastronómica más grande de internet

Planeta

Diseño de portada e interiores: Stephanie Huntwork
Fotografías de portada e interiores: Lauren Volo

Título original: *TASTY LATEST AND GREATEST: Everything You Want to Cook Right Now*

Tasty
© 2017, BuzzFeed, Inc.

Traducción: Patricia Pérez Esparza

Esta traducción es publicada por acuerdo con Clarkson Potter / Publishers, un sello editorial de Random House, una división de Penguin Random House LLC.

TASTY es una marca registrada de BuzzFeed, Inc., y usada bajo licencia. Todos los derechos reservados.

CLARKSON POTTER y POTTER con colofón son marcas registradas de Penguin Random House LLC

Todas las recetas aparecieron originalmente en Tasty.co.

Derechos reservados

© 2020, Editorial Planeta Mexicana, S.A. de C.V.
Bajo el sello editorial PLANETA M.R.
Avenida Presidente Masarik núm. 111,
Piso 2, Polanco V Sección, Miguel Hidalgo
C.P. 11560, Ciudad de México
www.planetadelibros.com.mx

Primera edición en formato epub: abril de 2020
ISBN: 978-607-07-6676-3

Primera edición impresa en México: abril de 2020
ISBN: 978-607-07-6675-6

Impreso en los talleres de Litográfica Ingramex, S.A. de C.V.
Centeno núm. 162-1, colonia Granjas Esmeralda, Ciudad de México
Impreso y hecho en México - *Printed and made in Mexico*

ÍNDICE

¿Tienes alguna pregunta sobre una receta? Descarga la aplicación Tasty de la tienda iTunes.

¡Puedes hacerlo!

Bienvenido a Tasty. Como tú, vivimos por la alegría de cocinar, por la satisfacción que viene de hacer algo que nunca antes habías intentado, e incluso el asombro de encontrar ese truco que cambiará tu vida y alterará tu repertorio de cocina para siempre. Ya sea que estés perfeccionando cómo darle el brillo de un pretzel a la masa de pizza o encontrar la mezcla perfecta para tu tazón de desayuno (y en serio, ¿a quién no le gusta eso en estos días?), has llegado al lugar indicado. En nuestro mundo, cocinar no es una labor intimidante; tampoco ocupa todo nuestro fin de semana ni incluye un montón de ingredientes que debas buscar durante horas, corriendo de un lugar a otro para conseguirlos. Cocinar debe ser delicioso..., pero, sobre todo, la idea es que se convierta en una actividad con la que te diviertas y pases un buen rato. Por eso nuestras recetas están diseñadas para encabezar las listas de popularidad en sabor y diversión, pues si no disfrutas estar en la cocina, ¿qué sentido tiene? Ustedes, los cocineros del mundo, han hablado y nosotros hemos respondido a su llamado con recetas factibles y apetecibles que querrán hacer todos los días.

APRENDE ALGO

Como un entrenador personal de cocina, nuestro trabajo es mostrarte exactamente lo que necesitarás y cómo sacarle el mayor provecho a la hora de preparar las recetas. Nada nos hace más felices que la reacción espontánea que nuestros videos de recetas generan en línea, pues nos permite saber al instante qué piensa la gente sobre lo que estamos haciendo. ¿Hacer esas bombas de cheesecake era tan simple como parecía? Sip. ¿Esos dog-boats con queso y chili sabían tan increíble cómo se veían? Doble sip. ¿Nos preocupamos profundamente por lo que piensas, quieres y anhelas? Sí a la tercera potencia.

Cocinar con Tasty también puede ser un recordatorio cotidiano de que nunca es demasiado tarde para enseñarle a un cocinero viejo (o uno reciente y prometedor) trucos nuevos. Podría ser tan solo un pequeño detalle que marque la diferencia entre lo bueno y lo magnífico, o una receta completa que te deje alucinado de principio a fin. Quizá encontrar un nuevo uso para esa bandeja para hornear, tazón de vidrio o brocheta; tomar lo ordinario y convertirlo en extraordinario con un poco de imaginación. La idea de cocinar como un proceso de aprendizaje nos impulsa todos los días, y ustedes nos han dicho que sienten lo mismo.

Por ello, consideramos que nuestro trabajo es brindarte la mejor versión de (inserta literalmente cada gran alimento en la tierra) y nos lo tomamos muy en serio. Nuestras recetas funcionan, pero también son indulgentes. Un desliz del cuchillo o un minuto más o menos en la estufa por lo general no te harán fracasar..., por el contrario, te mostrarán que cocinar es amigable.

COMPARTE ALGO

A propósito de ser amigable, no podemos esperar a que empieces a compartir estas recetas con tus amigos. La comida une a las personas, eso es un hecho. En vez de enviar una foto de tu cachorro o tu hijo, ¿qué tal si les mandas una de tu anillo de lasaña? Es un pavoneo modesto y un incentivo útil, todo con solo presionar un botón. Después esa foto empieza a circular y a llegar a más gente, y luego a un poco más... ¿Quién sabe? Esa quesadilla en flor que hiciste bien podría volverse viral dos veces, una vez en línea y otra más en tu casa.

Mira, cocinar también puede ser una forma brutal de establecer vínculos. Envía una lista de ingredientes por mensaje de texto, haz que todos se ofrezcan a traer algo y luego preparen un platillo increíble juntos. No solo creas momentos que puedes transmitir al mundo en un instante, también formas recuerdos que perduran durante mucho, mucho más tiempo. ¿Recuerdas aquella vez que hiciste bombas de pizza con masa para bísquets enlatada? ¿O ese loco pastel de helado para impresionar a tus suegros que comenzó con una humilde mezcla para brownies de paquete? Confía en nosotros: ahora lo harás.

DISFRUTA ALGO

Tasty hace que cocinar tenga que ver contigo, no tanto con la receta. Se trata de volver a imaginar lo que tu tiempo en la cocina puede ser. Atrás quedaron los días en que una receta llenaba varias páginas; con este conjunto de fórmulas ganadoras puedes entrar al supermercado, tomar lo que necesitas y, en la mayoría de los casos, comer una hora después. Eso no quiere decir que no haya proyectos especiales aquí. ¿Postres mágicos que se revelan capa por capa? Listo. ¿Trufas elaboradas de todas las formas posibles? Compruébalo. Ya sea que se trate de una receta de tendencia, como una galleta en forma de fidget spinner que en verdad gire (no te estamos mintiendo), o de un clásico como el estofado de carne cocinado a fuego lento, cada receta tiene el potencial de permanencia; el factor decisivo eres tú. A diferencia de muchas otras cosas en la vida, aquí puedes elegir qué recetas se convierten en tus consagradas favoritas, en tus puntos de referencia, en los platillos que se transformarán en sinónimo de tu nombre y tu cocina. Cientos de millones de ustedes no pueden estar equivocados. Ahí es donde entra en juego la democracia de Tasty. Las recetas ganadoras, ungidas por fanáticos como tú, se elevan a la cima, impulsadas por los me gusta, los comentarios, las veces que se compartieron y las caras felices.

Creemos que una receta puede ser una de las expresiones más verdaderas de quién eres como persona. ¿Eres un aspirante a la alta sociedad internacional? Un trío de dumplings está en tu camino. ¿Todos van a tu casa para ver el partido? ¡Alitas de pollo crujientes y pan de ajo con queso al rescate! ¿Una cena de celebración en marcha? Entonces prepara pollo cordon bleu. Es esa emoción difícil de contener al hacer maravillas en la cocina, la necesidad de compartir tu fórmula ganadora para los huevos endiablados o la revelación de un sándwich de pollo con BBQ que mantiene la salsa en tu panza y no en tus dedos. Es esa sensación de llegar a una fiesta con una receta de excelencia mundial, como el bark de chocolate galaxia bombardeado con brillo. ¡Tú, mi amigo, eres el campeón!

También están los fines de semana lluviosos cuando otra hora de la rutina de Netflix podría hacer que incluso el observador compulsivo más ferviente busque una actividad fuera del sofá. ¡Cocinar al rescate! Incluso si al principio nadie corre a la cocina para ayudarte en la preparación, una vez que escuchen el chisporroteo de la carne, huelan ese ajo o vean un montón de pasta, sabes que harán fila para ayudar (o definitivamente para extender su plato y probar cómo quedó). Queremos más que solo ocupar espacio en tu teléfono, pantalla o librero; queremos tener un asiento en tu mesa. Por eso en este libro compilamos un repertorio con recetas de diez, seguros de que podrás cumplir la promesa de un gran plato cada vez que se te antoje.

Sobre este libro

Aunque todos los días Tasty reúne a personas de todo el mundo en pequeñas pantallas, todavía hay algo sobre tener este libro tangible de grandeza comestible a tu alcance cuando así lo desees. ¿Cuántas veces has podido pasar del pensamiento «si tan solo pudiera hacer eso en casa» a «voy a hacer esto esta noche y va a ser delicioso»? Eso es Tasty.

Este recetario compila lo último en lo que hemos estado trabajando y lo que más te ha gustado recientemente. Comienza con un capítulo de comida para fiestas adecuada para una multitud, como mac n' cheese en forma de barritas fritas (delicioso, ¿verdad?); jalapeño poppers reinventados como un dip del que no podrás mantenerte lejos y volcanes de papa con los que podrías participar en un concurso de escultura. ¿Con qué seguimos? Sliders al estilo tradicional de feria (de cuatro tipos, para que todos estén contentos); pollo a la cerveza de lata, porque probablemente es uno de los platillos culinarios más sabrosos de nuestra cocina —demonios, ¿por qué detenerse allí?—; también una hazaña histórica: tacos al estilo mexicano que te harán soñar con inaugurar tu propio puesto en la calle. Un capítulo entero de postres lleno de trucos geniales, como hornear tortillas en cazuelitas y usar leche condensada endulzada para elaborar trufas de chocolate brasileñas. Los platillos clásicos también ocupan un lugar central en un capítulo que presenta deliciosos ñoquis caseros (sí, ¡puedes hacerlos!); pollo con champiñones y Marsala, y una tarta a la cacerola, cuya mayor exigencia es la corteza de la tarta. No nos olvidamos de nuestros vegetarianos, con platillos brutales que te llenarán de sustancia y orgullo, como albóndigas de «carne» de calabacitas, mac n' cheese vegano y coliflor al estilo búfalo, que te demostrarán que no necesitas improvisar. Cualquier capítulo llamado «Lo mejor de todos los tiempos» es, bueno, el mejor de todos. ¿Cómo podría no serlo con pollo frito glaseado con miel, galletas de chispas de chocolate supersuaves y helado de tres ingredientes (lo prometemos, ¡solo tres!)? También te llevamos a viajar con un capítulo de opciones de alrededor del mundo que traerán sabores remotos a tu casa. Piensa en dumplings caseros (tú mismo harás la masa, ¡sí, tú!); pollo tikka masala (¡el secreto está en la crema para batir!), y bulgogi, un plato coreano que es más fácil de elaborar que de pronunciar (se pronuncia bul-go-gui, en caso de que te lo preguntes). Las tendencias están bien y todo, pero deben defenderse por sí mismas, y las nuestras lo hacen: el cheesecake con una corteza crujiente de cereal llegó para quedarse, sin importar la época del año, y las papas fritas emoji son simple y sencillamente lindas. Por último, encontrarás nuestra colección de bombas y anillos en los que todo está relleno o tiene forma circular, para darle forma a un libro lleno de recetas que tú elaborarás una y otra vez.

Eso sí que es totalmente Tasty. Prepárate para pasar un rato genial.

FIESTA

huevos endiablados de cuatro maneras 14 papas fritas con carne asada 16 barritas de pollo estilo búfalo con mozzarella 19 dog-boats con queso y chili 20 barritas fritas de mac n' cheese 21 volcanes de papa a la parrilla 23 camarones hervidos 24 brochetas de pollo satay 25 burritos en cazuelitas de tortilla 26 dip de jalapeño poppers 29

Huevos endiablados de cuatro maneras

Hierve una docena de huevos por adelantado y guardarlos en el refrigerador (pueden durar hasta una semana). De esa manera, tienes un mundo de opciones para aderezarlos. Estas ideas fáciles y creativas demuestran que, ciertamente, el diablo se esconde en los detalles.

HUEVOS ENDIABLADOS CLÁSICOS

12 **huevos**

½ taza de **mayonesa**

1 cucharada de **mostaza amarilla**

1 cucharada de **salsa de pepinillos**

1 cucharadita de **sal**

1 cucharadita de **pimienta negra**

PARA SERVIR

Paprika

Hojas de perejil fresco

1. Coloca los huevos en una olla y llénala de agua fría hasta que queden cubiertos. Cuando el agua comience a hervir, tapa la olla, retírala del fuego y déjala reposar alrededor de 12 minutos.

2. Pasa los huevos a un recipiente con agua helada y déjalos reposar durante 3 minutos. Luego pélalos y córtalos por la mitad. Pasa las yemas a un tazón y deja las claras cocidas aparte.

3. Mezcla los ingredientes restantes con las yemas de huevo y pasa todo a una manga pastelera. (Si no tienes una, puedes usar una bolsa de plástico con una esquina cortada).

4. Vierte la mezcla en las claras de huevo. Decora cada mitad con la paprika y las hojas de perejil. Sirve en frío.

HUEVOS ENDIABLADOS CON GUACAMOLE

12 **huevos**

2 **aguacates** pequeños y cortados en cubos

¼ de taza de **cilantro** fresco picado

1 **chile jalapeño** sin semillas y cortado en cubos

½ **cebolla morada** finamente picada

1 **jitomate** finamente picado

2 **dientes de ajo** picados

1 cucharadita de **comino**

1 cucharada de **jugo de limón** fresco

1 cucharadita de **sal**

PARA SERVIR

Hojas de cilantro fresco

Totopos triturados

1. Coloca los huevos en una olla y llénala de agua fría hasta que queden cubiertos. Cuando el agua comience a hervir, tapa la olla, retírala del fuego y déjala reposar alrededor de 12 minutos.

2. Pasa los huevos a un recipiente con agua helada y déjalos reposar durante 3 minutos. Luego pélalos y córtalos por la mitad. Pasa las yemas a un tazón y deja las claras cocidas aparte.

3. Mezcla los ingredientes restantes con las yemas de huevo y pasa todo a una manga pastelera. (Si no tienes una, puedes usar una bolsa de plástico con una esquina cortada).

4. Vierte la mezcla en las claras de huevo. Decora cada mitad con el cilantro y los totopos triturados. Sirve en frío.

< CARGADOS

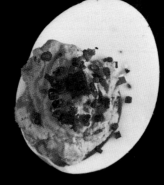

HUEVOS ENDIABLADOS CARGADOS

12 **huevos**
½ taza de **crema agria**
3 tiras de **tocino** cocido y picado
¼ de taza de **cebollín** fresco finamente picado
½ taza de **queso cheddar** rallado
Sal y pimienta al gusto

PARA SERVIR
Tocino cocido y picado
Cebollín fresco finamente picado

1 Coloca los huevos en una olla y llénala de agua fría hasta que queden cubiertos. Cuando el agua comience a hervir, tapa la olla, retírala del fuego y déjala reposar alrededor de 12 minutos.

2 Pasa los huevos a un recipiente con agua helada y déjalos reposar durante 3 minutos. Luego pélalos y córtalos por la mitad. Pasa las yemas a un tazón y deja las claras cocidas aparte.

3 Mezcla los ingredientes restantes con las yemas de huevo y pasa todo a una manga pastelera. (Si no tienes una, puedes usar una bolsa de plástico con una esquina cortada).

4 Vierte la mezcla en las claras de huevo. Decora cada mitad con el tocino y el cebollín. Sirve en frío.

< CLÁSICOS

HUEVOS ENDIABLADOS CAJÚN

12 **huevos**
½ taza de **mayonesa**
1 cucharada de **mostaza dijon**
1 cucharada de **condimento cajún**
½ tallo de **apio** finamente picado
½ **pimiento** finamente picado
1 cucharadita de **salsa picante**, o más al gusto

PARA SERVIR
Paprika ahumada
Cebolla cambray (solo el tallo) en rodajas

1 Coloca los huevos en una olla y llénala de agua fría hasta que queden cubiertos. Cuando el agua comience a hervir, tapa la olla, retírala del fuego y déjala reposar alrededor de 12 minutos.

2 Pasa los huevos a un recipiente con agua helada y déjalos reposar durante 3 minutos. Luego pélalos y córtalos por la mitad. Pasa las yemas a un tazón y deja las claras cocidas aparte.

3 Mezcla los ingredientes restantes con las yemas de huevo y pasa todo a una manga pastelera. (Si no tienes manga pastelera, puedes usar una bolsa de plástico con una esquina cortada).

4 Vierte la mezcla en las claras de huevo. Decora cada mitad con el pimentón ahumado y las cebollas cambray. Sirve en frío.

< CAJÚN

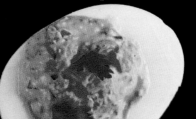

< GUACAMOLE

Papas fritas con carne asada

PARA 2 PORCIONES

PAPAS FRITAS AL HORNO

2 **papas russet**

2 cucharadas de **aceite de oliva**

1 cucharadita de **sal**

1 cucharadita de **ajo en polvo**

1 cucharadita de **paprika**

CARNE ASADA

1 cucharadita de **sal**

½ cucharadita de **pimienta negra**

1 cucharadita de **chile en polvo**

½ cucharadita de **orégano** seco

2 **dientes de ajo** picados

2 cucharadas de **cilantro** fresco picado

½ taza de **jugo de naranja** fresco

½ taza de **jugo de limón** fresco

¼ de kilogramo de **arrachera**

1 cucharada de **aceite de canola**

½ taza de queso **Pepper Jack** desmenuzado

PARA SERVIR

Crema agria

Guacamole

Jitomates cortados en cubos

Hojas de cilantro fresco

Queso cotija rallado

Seamos realistas: preparar tu comida rápida es simplemente demasiado trabajo cuando tienes que hacerla en dos tiempos. Las papas fritas y los tacos se mezclan con queso en un sartén de hierro fundido para lograr la perfección. Un extra: ¡puedes servirlos directamente en el sartén!

1   Precalienta el horno a 230 °C. Cubre una bandeja para hornear con papel encerado.

2   Corta las papas en gajos. En un tazón grande combina las papas, el aceite de oliva, la sal, el ajo en polvo y la paprika hasta que todas las papas estén completamente cubiertas. Coloca los gajos en la bandeja y hornea entre 30 y 35 minutos, o hasta que las papas estén crujientes y doradas.

3   En un tazón mediano combina la sal, la pimienta, el chile en polvo, el orégano, el ajo, el cilantro, el jugo de naranja y el jugo de limón. Agrega la arrachera y marina durante 20 minutos.

4   Vierte el aceite de canola en un sartén de hierro fundido y ponlo al fuego. Cocina la arrachera durante 3 minutos por ambos lados para obtener un filete cocido a término medio. Retira el filete y déjalo reposar durante 10 minutos antes de cortarlo en cubos.

5   En un sartén de hierro apto para horno coloca las papas fritas, el queso Pepper Jack y la carne asada en cubos. Hornea hasta que el queso se derrita.

6   Antes de servir, agrega la crema agria, el guacamole, los jitomates cortados en cubos, el cilantro y el queso cotija rallado.

Barritas de pollo estilo búfalo con mozzarella

PARA 16 BARRITAS

230 gramos de **queso crema** suavizado

2 tazas de **pollo** cocido y desmenuzado

½ taza de **salsa picante búfalo** (la que usas en las alitas)

2 tazas de **queso mozzarella** rallado

1 taza de **queso cheddar** rallado

28 gramos (1 paquete) de **mezcla seca para aderezo ranch**

2 tazas de **harina común**

6 **huevos** batidos

3 tazas de **pan molido sazonado**

Aceite de cacahuate o **vegetal** para freír

Aderezo ranch para servir

¡No hay necesidad de improvisar aquí! Cualquier tipo de pollo cocido —la carne oscura arrancada del hueso, pechugas deshuesadas y sin piel— servirá. ¿Usar el congelador como herramienta para cocinar? Genial. Mientras las barritas se enfrían, puedes aprovechar el tiempo para ver el partido (o hacer cualquier otra cosa). No le des más vueltas: esta receta es sensacional para el medio tiempo o cualquier otro momento.

1   Forra con papel encerado un molde para hornear de 20 × 20 centímetros.

2   En un tazón combina el queso crema, el pollo, la salsa picante, los quesos y la mezcla para aderezo ranch con un tenedor hasta que tengas una mezcla suave y uniforme. Pasa la mezcla al molde para hornear y alisa con una espátula para que se extienda de manera uniforme. Congela al menos por 1 hora, hasta que la mezcla esté sólida.

3   Trabajando rápidamente, retira la mezcla sólida de la lámina y córtala en rectángulos de 10 × 3 centímetros. Al final tendrás 16 barritas en total.

4   Una por una, empaniza cada barra: cúbrela con harina, luego báñala en el huevo y, después, ruédala en el pan molido. Sumerge una vez más en el huevo, y ruédala por último en el pan molido. Luego déjala en el molde para hornear.

5   Calienta el aceite a 190 °C.

6   Con cuidado, coloca 3 o 4 de las barritas empanizadas en el aceite y fríelas alrededor de 30 segundos, hasta que estén doradas. Continúa hasta que todas las barritas estén fritas. Sírvelas calientes con aderezo ranch.

Dog-boats con queso y chili

8 **bollos para hot dog**

¼ de taza de **mantequilla** derretida

2 **dientes de ajo** picados

2 cucharadas de **perejil** fresco finamente picado y un poco adicional para servir

8 rebanadas de **queso cheddar**

425 gramos de **chili** con o sin frijoles

8 **salchichas**

Si convertir un bollo para hot dog en un pequeño tazón que contenga el burbujeante chili con queso no es una manera estadounidense de innovar como siempre se ha hecho, no sabemos qué podría serlo. Cada ingrediente por sí solo es un clásico de la comida casera, pero la suma es verdaderamente mayor que sus partes. Si no tienes rebanadas de queso cheddar, puedes sustituirlas por 2 cucharadas de queso rallado por bollo.

1   Precalienta el horno a 180 °C.

2   Sin abrirlos, coloca los 8 bollos para hot dog en una bandeja para horno de 23 × 33 centímetros. Corta un rectángulo en cada bollo, asegurándote de mantenerte a un centímetro de los bordes. Empuja hacia abajo el corte de pan para compactarlo firmemente en el fondo de cada bollo. Asegúrate de presionar también los bordes inferiores. Esto te ayudará a crear un espacio más grande para el relleno y que no se desborde.

3   Mezcla la mantequilla, el ajo y el perejil en un tazón pequeño. Barniza los bollos y su interior hueco con la mantequilla de ajo. Hornea durante 5 minutos para tostarlos. Esto, además, ayuda a que los lados de los bollos se reafirmen, de manera que no se colapsen bajo el peso del relleno.

4   Coloca una rebanada de queso cheddar dentro de cada bollo y luego vierte un poco de chili. Acomoda una salchicha sobre el chili en cada bollo y enseguida cubre con más chili.

5   Hornea entre 20 y 25 minutos, hasta que el queso esté dorado y el chili haya comenzado a dorarse. Cubre con perejil fresco. Luego separa cada dog-boat y sirve.

Barritas fritas de mac n' cheese

PARA 30 BARRITAS

230 gramos de **pasta de coditos**

4 cucharadas de **mantequilla**

2¼ tazas de **harina común**

2 tazas de **leche**

1 cucharadita de **sal**

½ cucharadita de **pimienta negra**

2 tazas de **queso cheddar fuerte** rallado

Aceite de cacahuate o **vegetal** para freír

4 **huevos** batidos

2 tazas de **pan molido**

Nunca hay suficientes medios para la perfección del mac n' cheese, y estas barritas son básicas…, pero también espectaculares. Ya sabes lo que queremos decir. Consejo profesional: prepara la mezcla con anticipación, envuélvela bien y congélala hasta por un mes; cuando estés listo para usarla, descongélala hasta que se pueda cortar en barras y continúa con el empanizado y la fritura. ¡Quesoso!

1   Hierve 3 litros de agua y cocina la pasta. Revuelve ocasionalmente durante 7 minutos, o hasta que los coditos estén al dente. Escurre y reserva aparte.

2   En una cacerola a fuego medio-bajo derrite la mantequilla por completo, agrega ¼ de taza de harina y bate durante 2 minutos para crear un roux ligero (espesante). Añade la leche y sazona la mezcla con sal y pimienta. Revuelve continuamente hasta que la salsa espese por completo. Poco a poco agrega el queso y revuelve hasta que esté completamente mezclado. Por último agrega la pasta cocida y revuelve hasta que toda quede cubierta.

3   Retira los macarrones con queso del fuego y viértelos en una bandeja para hornear forrada de papel encerado. Extiende de manera uniforme y congélala durante 2 horas.

4   Precalienta una olla con aceite a 160 °C.

5   Corta el mac n' cheese congelado en barritas de 8 centímetros de largo. Cubre las barritas en las 2 tazas restantes de harina, luego sumérgelas en el huevo y por último cúbrelas con el pan molido. Fríe las barritas de 2 a 3 minutos o hasta que estén doradas. Luego escúrrelas sobre toallas de papel y espolvoréalas con sal. Sirve inmediatamente.

Volcanes de papa a la parrilla

PARA 6 PORCIONES

VOLCANES

6 **papas russet** grandes

3 tazas de **queso cheddar** rallado

230 gramos de **queso crema** suavizado

1 taza de **cebollas cambray blancas** en rodajas

12 tiras de **tocino**

PARA SERVIR

Crema agria

Cebollas cambray blancas en rodajas

Si tienes una papa y un sacabolas para melón (¡diablos!, incluso una cucharita común), tienes lo necesario para poner en funcionamiento estas torres de papas envueltas en tocino. Apila, rellena y asa a la parrilla, y estarás bastante cerca de la perfección de la papa.

1 Precalienta la parrilla a 200 °C.

2 Talla muy bien las papas para limpiarlas, y hazles algunas hendiduras con un cuchillo para ventilar. Envuélvelas en papel aluminio y colócalas en la parrilla a fuego directo para cocinarlas durante 20 minutos.

3 Mientras tanto, mezcla la mitad del queso cheddar, el queso crema y la cebolla cambray hasta que estén bien incorporados. Deja aparte.

4 Retira las papas de la parrilla y déjalas reposar hasta que estén lo suficientemente frías para manejarlas. Desenvuelve cada papa y corta los extremos para que puedan mantenerse paradas. Con un sacabolas para melón (o una cucharita) saca y desecha el centro de cada papa, con cuidado de no dejar las paredes demasiado delgadas y mantener un poco de grosor en la parte inferior también. Llena las papas con la mezcla de queso y envuelve 2 tiras de tocino alrededor de cada una. Asegura el tocino con palillos si es necesario.

5 Baja la temperatura de la parrilla a 180 °C y coloca las papas a fuego indirecto durante 30 minutos con la tapa cerrada.

6 Después de 30 minutos cubre las papas con el queso cheddar restante y cocina por 15 minutos más. Antes de servir decora las papas con una cucharada de crema agria y un poco de cebolla cambray.

Camarones hervidos

MEZCLA DE ESPECIAS

2 cucharadas de **semillas de cilantro**

2 cucharadas de **semillas de mostaza**

1 cucharada de hojuelas de **chile rojo seco**

1 cucharada de **eneldo**

1 cucharada de **pimienta dulce**

1 cucharada de **sal**

3 **hojas de laurel** seco

8 **papas de piel roja** pequeñas

3 **elotes** cortados en tercios

4 **salchichas ahumadas**, como kielbasa, cortadas en rodajas

1 kilogramo de **camarones con cáscara**

Jugo de 1 **limón**

PARA SERVIR

Perejil picado

Salsa coctel

Mantequilla derretida con 1 **diente de ajo** machacado

¿Sufrir hirviendo e hirviendo? No con esta receta, que simplifica este clásico del sur y lo hace factible para una noche familiar. La combinación de especias junto con salchicha (¡usa salchichas extra picantes si así lo deseas!) le da al caldo un sabor que hace parecer que se estuvo cocinando por un largo rato. Solo asegúrate de esperar para agregar los camarones hasta que todos los comensales se encuentren a la mesa: se cocinan en solo 3 minutos, momento en que estás listo para colar y servir. El mantel de periódico es opcional.

1. En un tazón pequeño combina todos los ingredientes de la mezcla de especias. Agrega la mezcla a una olla grande con 3 litros de agua. Luego añade las papas. Deja que el agua hierva, y cocina por 15 minutos más.

2. Agrega el elote y deja hervir por 10 minutos. Añade la salchicha y cocina por otros 5 minutos.

3. Retira una papa de la olla y verifica si está completamente cocida. Si no, continúa cocinándolas hasta que estén listas.

4. Agrega los camarones y el jugo de limón. Coloca la tapa en la olla y cocina por 3 minutos, o hasta que los camarones estén rosados y bien cocidos.

5. Cuela los ingredientes de la olla. Sirve los camarones hervidos en una mesa forrada de periódico. Espolvorea con perejil y añade salsa coctel y mantequilla de ajo a un lado.

Brochetas de pollo satay

MARINADA

¾ de taza de **crema de cacahuate cremosa**

¾ de taza de **leche de coco**

4 **cebollas cambray** picadas en grueso

3 **dientes de ajo** pelados

1 trozo de **jengibre** de 5 centímetros pelado

2 **chiles serranos** frescos picados en grueso

1 cucharadita de **curry en polvo**

1 cucharadita de **comino**

1 cucharadita de **cúrcuma**

1 cucharadita de **sal**

2 cucharadas de **salsa de soya**

Jugo de 1 **limón**

8 **muslos de pollo deshuesados y sin piel**, cortados en cubos

SALSA

½ taza de **cacahuates** picados

½ taza de **leche de coco**

Brochetas de **bambú** o **madera**

Si alguna vez te has preguntado cómo hacer este platillo favorito, ¡estás de suerte! Comienza con una marinada de cacahuate, que se beneficia de la chispa de los chiles picantes y del jengibre (puedes sustituirlos por 1 cucharadita de hojuelas de chile y 2 cucharaditas de jengibre en polvo en caso de apuro). Aunque ya son geniales después de 2 horas de marinado, dejarlas toda la noche hará que tengas un pollo increíblemente sabroso y tierno. Consejo extra: la marinada reservada se reduce con leche de coco cremosa para crear una salsa espesa que podría servir como dip.

1   En un procesador de alimentos mezcla todos los ingredientes de la marinada hasta obtener una pasta suave; esto deberá ser suficiente para llenar alrededor de 2 tazas. Reserva la mitad de la marinada y vierte la otra mitad sobre los muslos de pollo. Mezcla y refrigera durante 2 horas o toda la noche.

2   Precalienta el horno a 220 ˚C. Forra una bandeja para hornear con papel encerado.

3   Ensarta el pollo marinado en brochetas de madera o bambú. Coloca las brochetas de manera que sus extremos descansen en los bordes de la bandeja para hornear, con el fin de que el pollo quede suspendido. Hornea las brochetas de 15 a 20 minutos, hasta que estén ligeramente doradas en los bordes y cocinadas por completo.

4   Sin aceite en el sartén, tuesta los cacahuates picados desde fuego bajo hasta medio y revuelve constantemente hasta que se doren, de 2 a 3 minutos. Agrega la marinada que habías reservado y la leche de coco. Revuelve y cocina hasta que la salsa esté espesa y muy aromática, entre 5 y 10 minutos.

5   Sirve las brochetas de pollo con la salsa a un lado.

Burritos en cazuelitas de tortilla

PARA 12 CAZUELITAS

RELLENO

2 cucharadas de **aceite de oliva**

1 **cebolla** finamente picada

1½ tazas de **pollo** en cubos pequeños

Sal y pimienta al gusto

2 **dientes de ajo** picados

MEZCLA DE ESPECIAS PARA EL BURRITO

1 cucharadita de **chile en polvo**

½ cucharadita de **paprika**

1 cucharadita de **comino**

½ cucharadita de **ajo en polvo**

½ cucharadita de **pimienta de cayena**

1 **jitomate** cortado en cubos

6 **tortillas de harina**

¼ de taza de **frijoles refritos**

¼ de taza de arroz **cocido**

½ taza de **queso cheddar** rallado

PARA SERVIR

Crema agria

Guacamole

Salsa

Cilantro fresco picado

El secreto de este plato en capas y horneado se reduce a tres palabras: Burrito. Especias. Mezcla. Los grandes éxitos de los sabores mexicanos como chile en polvo, comino y cayena, convierten todo lo que tocan en una fiesta —en este caso pollo, arroz, cebolla y frijoles refritos—. Poner las tortillas en capas en los moldes para muffins es como un proyecto de arte para adultos. Otro recordatorio de que la comida debería ser divertida.

1 Precalienta el horno a 180 °C. Engrasa un molde para 12 muffins.

2 Calienta un sartén grande a fuego medio. Vierte el aceite y la cebolla, y saltea hasta que esta quede transparente, entre 3 y 5 minutos. Agrega los trozos de pollo, sazona con sal y pimienta, y cocina hasta que estén dorados, aproximadamente 5 minutos. Finalmente agrega el ajo y continúa cocinando por 2 minutos más. Retira el sartén del fuego y pasa la mezcla a un tazón.

3 Incorpora todos los ingredientes de la mezcla de especias para el burrito. Incorpora la mezcla de especias a la mezcla de pollo. Añade los jitomates cortados en cubos y revuelve hasta que todo quede completamente combinado.

4 Coloca las 6 tortillas una encima de la otra. Corta las orillas para dejarlas en forma cuadrada y luego corta los cuadros en cuartos.

5 En el molde para muffins preparado coloca un cuadrado de tortilla en cada espacio y empuja hacia abajo. Luego empuja un segundo cuadrado de tortilla encima del primero pero que quede en forma de estrella. Extiende algunos frijoles refritos en el fondo de cada cazuelita de tortilla, luego agrega arroz cocido y al final la mezcla de pollo. Cubre cada uno con queso cheddar. Hornea por 15 minutos, hasta que las tortillas estén doradas y crujientes, y el queso se haya derretido.

6 Sirve con crema agria, guacamole, salsa y cilantro a un lado.

Dip de jalapeño poppers

PARA 4 A 6 PERSONAS

4 **jalapeños** o una lata de 115 gramos de jalapeños picados

230 gramos de **queso crema** suavizado

1 taza de **crema agria**

2 tazas de **queso cheddar** rallado

1 taza de **queso parmesano** rallado

½ taza de **pan italiano molido**

4 cucharadas de **mantequilla** derretida

1 cucharada de **perejil** seco

Pan o **galletas** para servir

Los jalapeños crudos pueden ser como bombas incendiarias comestibles, por lo cual asarlos se vuelve muy crítico aquí. De esa manera destacamos su lado más amable y suave, perfecto para mezclar con los versátiles héroes de los dips, como la crema agria y el queso crema, que además sirven para matizar todavía más el picor de los chiles. Un montón de queso y un crujiente relleno de pan molido en verdad logran que este dip destaque.

1   Precalienta el horno con la función de broil (o rostizar) activada. Si usas jalapeños frescos, córtalos por la mitad y retira las semillas. Luego coloca los chiles con el lado cortado hacia abajo en una bandeja para hornear. Rostiza los jalapeños por 1 minuto o 2, hasta que la piel se ponga negra y comience a burbujear. Retíralos del horno. Cuando estén lo suficientemente fríos para manejarlos, pélalos y desecha la piel exterior. Enseguida corta los chiles en cubos y déjalos aparte.

2   Ajusta la temperatura del horno a 200 °C.

3   En un tazón mediano combina el queso crema y la crema agria. Agrega el queso cheddar, ¾ partes del parmesano y los jalapeños cortados en cubos. Mezcla bien. En otro tazón mediano revuelve el pan molido, la mantequilla derretida, el queso parmesano restante y el perejil.

4   Con una cuchara coloca la mezcla de jalapeño en una bandeja para hornear de 20 × 20 × 5 centímetros, o en un sartén de hierro fundido de tamaño mediano. Extiende la mezcla de manera uniforme. Espolvorea pan molido encima.

5   Hornea durante 20 minutos, o hasta que esté caliente y las migas de pan se vean de color dorado. Sirve con pan o galletas saladas.

FERIA

sliders de cuatro maneras 32
rollos de arrachera 34 pollo a la
parrilla con cerveza de lata 35
papas tornado 37 costillas de
cocción lenta con miel y ajo 38
tacos de cerdo a la mexicana
(tacos al pastor) 41 banderillas de
salchicha con queso y jalapeño
42 sándwich de pollo frito a la
mantequilla 45

Sliders de cuatro maneras

Se acaba el pan, se acaba la diversión. Desayuno, almuerzo, merienda o cena: tú decides qué slider deseas servir y cuándo. Mejor aún... puedes servirlos todos.

SLIDERS DE POLLO PARMESANO

12 **bollos** o **panecillos**

3 tazas de **pollo rostizado** desmenuzado

½ taza de **salsa marinara**

230 gramos de **queso mozzarella** fresco rebanado

¼ de taza de **albahaca** fresca picada

½ taza de **mantequilla** derretida

3 **dientes de ajo** finamente picados

2 cucharadas de **perejil** fresco finamente picado

2 cucharadas de **queso parmesano** rallado

1 Precalienta el horno a 180 °C.

2 Corta el pan por la mitad a lo largo. Coloca la mitad inferior en un molde para hornear de 23 × 33 centímetros. Extiende el pollo de manera uniforme en la parte superior, seguido de la salsa marinara, la mozzarella fresca y la albahaca. Coloca la mitad superior del pan encima.

3 Mezcla la mantequilla derretida con el ajo, el perejil y el parmesano. Barniza la mitad superior de los bollos con la mezcla de mantequilla. Hornea durante 20 minutos, o hasta que el pan esté dorado. Corta en bocadillos individuales. Sirve.

SLIDERS DE POLLO BBQ

12 **bollos** o **panecillos**

3 tazas de **pollo** cocido y desmenuzado

⅓ de taza de **salsa barbecue (BBQ)**

½ **cebolla morada** partida en rebanadas finas

230 gramos de **queso Pepper Jack** cortado en 6 rebanadas

¼ de taza de **perejil** fresco finamente picado

2 cucharadas de **mantequilla** derretida

1 Precalienta el horno a 180 °C.

2 Corta el pan por la mitad a lo largo. Coloca la mitad inferior en un molde para hornear de 23 × 33 centímetros. Extiende el pollo de manera uniforme en la parte superior, seguido de la salsa barbecue, la cebolla morada, el queso Pepper Jack y el perejil. Coloca la mitad superior del pan encima.

3 Barniza la parte superior de los bollos con la mantequilla derretida. Hornea durante 20 minutos o hasta que el pan esté dorado. Corta en bocadillos individuales. Sirve.

POLLO PARMESANO

POLLO BBQ

SLIDERS DE HAMBURGUESA CON QUESO

12 **bollos** o **panecillos**
1 kilogramo de **carne molida**
1 cucharadita de **sal**
2 cucharaditas de **pimienta negra**
2 cucharaditas de **ajo en polvo**
½ **cebolla blanca** cortada en cubos
6 rebanadas de **queso cheddar** (230 gramos)
2 cucharadas de **mantequilla** derretida
1 cucharada de **semillas de ajonjolí**

1 Precalienta el horno a 180 °C.

2 Combina la carne, la sal, la pimienta y el ajo en polvo en un molde para hornear de 23 × 33 centímetros. Mezcla bien y presiona en una capa plana y uniforme. Hornea por 20 minutos. Escurre el líquido y reserva aparte la carne cocida.

3 Corta el pan por la mitad a lo largo. Coloca la mitad inferior en un molde para hornear de 23 × 33 centímetros. Coloca la carne cocida sobre la mitad inferior del pan. Luego agrega la cebolla y el queso. Coloca la mitad superior del pan encima.

4 Barniza la parte superior de los bollos con la mantequilla y espolvorea las semillas de ajonjolí encima. Hornea durante 20 minutos, o hasta que el pan esté dorado. Corta en bocadillos individuales. Sirve.

SLIDERS PARA EL DESAYUNO

12 **bollos** o **panecillos**
9 **huevos** revueltos
6 rebanadas de **jamón**
6 rebanadas de **queso cheddar blanco**
6 tiras de **tocino** frito
90 gramos de **espinacas baby**
2 cucharadas de **mantequilla** derretida
1 cucharadita de **pimienta negra**

1 Precalienta el horno a 180 °C.

2 Corta el pan por la mitad a lo largo. Coloca la mitad inferior en un molde para hornear de 23 × 33 centímetros. Extiende los huevos revueltos de manera uniforme en la mitad inferior del pan, luego el jamón, el queso cheddar, el tocino y las espinacas. Coloca la mitad superior del pan encima.

3 Barniza la parte superior de los bollos con la mantequilla derretida y espolvorea la pimienta encima. Hornea durante 20 minutos, o hasta que el pan esté dorado. Corta en bocadillos individuales. Sirve.

HAMBURGUESA CON QUESO

DESAYUNO

Rollos de arrachera

2 cucharadas de **aceite de oliva** para sofreír

1 **cebolla** rebanada

3 **dientes de ajo** picados

½ **pimiento verde** rebanado

½ **pimiento rojo** rebanado

½ **pimiento amarillo** rebanado

PARA CONDIMENTAR

½ cucharadita de **chile en polvo**

½ cucharadita de **paprika**

⅛ de cucharadita de **cayena**

½ cucharadita de **comino**

½ cucharadita de **ajo en polvo**

½ cucharadita de **orégano** seco

½ cucharadita de **sal**

½ cucharadita de **pimienta negra**

700 gramos de **arrachera** rebanada en fino

½ taza de **queso Monterey Jack** rallado

Palillos de madera largos o **brochetas de madera** cortadas

El siseo chisporroteante de la carne saca a la luz el carnívoro que todos llevamos dentro. No podría ser más sencillo preparar una carne deliciosa que con estos molinetes rellenos de queso, pimientos y especias. Puedes usar palillos largos o brochetas cortas. Solo cerciórate de que estén bien asegurados para que no tengas que frenar tu rollo.

1 Precalienta el horno a 180 °C.

2 Calienta un sartén de hierro grande apto para el horno a fuego medio, y agrega el aceite. Sofríe la cebolla, el ajo y los pimientos hasta que estén suaves, aproximadamente por 5 minutos.

3 Combina el chile en polvo, la paprika, la cayena, el comino, el ajo en polvo, el orégano, la sal y la pimienta en un plato, y usa la mezcla para sazonar la arrachera por ambos lados. Coloca la carne en una tabla para picar con la veta de manera vertical. Coloca las cebollas y los pimientos sofritos en el centro del filete, dejando un par de centímetros libres en ambos extremos. Cubre las cebollas y los pimientos con una capa de queso.

4 Forma un rollo firme con la carne de izquierda a derecha; esto asegurará que cortes contra la veta cuando rebanes la carne. Inserta los palillos a los lados del rollo para ayudarte a mantener su forma. Usa un cuchillo afilado para cortar entre los palillos.

5 Regresa el sartén a fuego alto, agrega la carne y dórala hasta que se forme una corteza agradable, por aproximadamente 3 minutos. Voltea y repite con el otro lado. Coloca el sartén en el horno por 10 minutos, o hasta que se cueza a tu gusto.

Pollo a la parrilla con cerveza de lata

PARA 4 PORCIONES

MEZCLA DE ESPECIAS

$^1/_3$ de taza de **azúcar morena**

2 cucharaditas de **cebolla en polvo**

2 cucharaditas de **ajo en polvo**

1 cucharadita de **mostaza en polvo**

2 cucharaditas de **paprika ahumada**

1 cucharadita de **pimienta negra**

2 cucharaditas de **estragón** seco

2 cucharaditas de **sal**

POLLO

1 **pollo** entero de $2^1/_4$ kilogramos sin menudencias

1 lata de **cerveza**

½ taza de **salsa barbecue**

El humilde anillo de aluminio de una lata se convierte aquí en un soporte para el pollo más jugoso de la historia. Quien sea que lo haya descubierto merece un premio del calibre de un Nobel. Prepárate para beber media cerveza: eso te pondrá de humor para usar la otra mitad de la lata para el pollo a la parrilla más jugoso que hayas probado jamás. Cualquier cerveza servirá, aunque si no tomas alcohol, deshazte de la cerveza y llena la lata hasta la mitad con caldo de pollo para obtener el mismo efecto.

1   En un tazón agrega el azúcar morena, la cebolla en polvo, el ajo en polvo, la mostaza en polvo, la paprika, la pimienta, el estragón y la sal, y revuelve. Usa la mitad de esta mezcla de especias para condimentar todo el pollo. Cubre con una envoltura de plástico y refrigera al menos 2 horas o incluso la noche completa.

2   Precalienta la parrilla a 180 °C.

3   Saca el pollo del refrigerador y sazona con lo que quedó de la mezcla de especias. Vierte en tu vaso la mitad de la lata de cerveza. Coloca la lata medio llena en la cavidad del pollo y acomódalo en posición vertical.

4   Asa el pollo a fuego indirecto durante 30 o 40 minutos. Rocía el pollo con salsa barbecue y cuece por otros 10 o 15 minutos, hasta que la temperatura interna alcance los 75 °C.

5   Retira el pollo de la parrilla y deja reposar durante 15 minutos antes de cortarlo.

Papas tornado

2 **papas Yukon Gold** medianas

4 cucharadas de **mantequilla** derretida

1 taza de **queso parmesano** rallado y un poco adicional para servir

½ cucharadita de **pimienta negra**

1 cucharada de **ajo en polvo**

1 cucharada de **paprika**

1 cucharadita de **sal**

Hojas de perejil picado para servir

Palillos de madera

Incluso aquellos de nosotros con habilidades incipientes para usar cuchillos nos sentiremos como chefs de hierro después de elaborar acordeones en forma de espiral con simples papas. Tan solo inserta las papas en brochetas y luego ve cortando alrededor con un cuchillo afilado. Al separar la papa crearás todos los recovecos que necesitas para sazonar con mantequilla (porque... ¡mantequilla!), queso y especias antes de hornear hasta que estén crujientes. ¡Piensa en esto como papas fritas en brocheta!

1 Precalienta el horno a 160 °C.

2 Hornea las papas en el microondas entre 1 y 1½ minutos. Después deja reposar durante unos minutos más para que se enfríen y ablanden. Clava un palillo de madera en el fondo de cada papa y empuja suavemente hasta llegar a la parte superior. Trabaja en un movimiento en espiral de un lado al otro, y con un cuchillo delgado en ángulo corta en la dirección opuesta a la que gira la papa ensartada. Asegúrate de que el corte llegue hasta la brocheta. Tómate el tiempo que necesites y procura elaborar una espiral delgada y uniforme por toda la papa.

3 Suavemente separa cada papa a lo largo de la brocheta, hasta que obtengas un espacio uniforme entre las rodajas. Barniza las papas con la mantequilla derretida.

4 En un tazón mediano mezcla el queso parmesano, la pimienta, el ajo en polvo, la paprika y la sal. Coloca cada papa ensartada sobre el tazón y espolvorea con una cuchara la mezcla sobre cada una hasta que queden completamente cubiertas. Coloca cuidadosamente las papas en una bandeja para hornear, permitiendo que las brochetas descansen sobre los bordes de la bandeja de manera que la papa quede suspendida.

5 Hornea durante 25 o 30 minutos o hasta que estén bien doradas. Adorna con el parmesano adicional y el perejil. Deja enfriar por 5 minutos antes de servir.

Costillas de cocción lenta con miel y ajo

PARA 3 PORCIONES

1 cucharada de **sal**

1 cucharada de **pimienta negra**

1 cucharada de **paprika**

1 cucharada de **chile en polvo**

1 200 gramos de **costillar de cerdo** cortado por la mitad

1 taza de **miel**

½ taza de **salsa de soya**

10 **dientes de ajo** picados

Lo único que podemos decir sobre estas costillas tan suaves que se desprenden del hueso es: ¡por Dios! Y son tan fáciles de preparar. La preparación queda lista en un santiamén y, una vez que salen de su ambiente de cocción leeeeeeenta, literalmente ya han hecho su propia salsa de miel y ajo, salada y dulce.

1   En un tazón pequeño mezcla la sal, la pimienta, la paprika y el chile en polvo. Sazona las costillas de manera uniforme con la mezcla, asegurándote de que queden cubiertas por todos lados.

2   Agrega la miel, la salsa de soya y el ajo a una olla grande de cocción lenta. Mete las costillas ahí y dales vueltas en la salsa hasta que estén cubiertas por completo. Acomoda las costillas de modo que queden paradas, con el lado más carnoso hacia abajo. La carne debe quedar apoyada contra las paredes de la olla de cocción lenta, con los lados de los huesos hacia dentro. Tapa la olla y cocina a fuego alto durante 4 horas, o a fuego bajo durante 7 u 8 horas. Verifica después del tiempo asignado para asegurarte de que la carne esté bien cocida y tierna.

3   Retira las costillas y colócalas en una tabla para picar. Corta entre los huesos para separar en costillas individuales. Sirve con salsa adicional de la olla de cocción lenta, si es necesario.

Tacos de cerdo a la mexicana (tacos al pastor)

PARA 10 A 12 TACOS

2¼ kilogramos de **espaldilla de cerdo** sin hueso

3 cucharadas de **pasta de achiote**

2 cucharadas de **chile guajillo en polvo**

1 cucharada de **ajo en polvo**

1 cucharada de **orégano**

1 cucharada de **comino**

1 cucharada de **sal**

1 cucharada de **pimienta negra**

¾ de taza de **vinagre blanco**

1 taza de **jugo de piña**

1 **piña** pelada y partida en rebanadas de entre 2 y 3 centímetros

PARA SERVIR

10 a 12 **tortillas de maíz** pequeñas

1 **cebolla blanca** finamente picada

1 taza de **cilantro** fresco finamente picado

1 taza de **salsa**

1 **aguacate** cortado en cubos

Limón en mitades

1 **brocheta de madera** gruesa recortada a la altura de tu horno

Si buscas un poco de cariño y ternura, esta suculenta carne de cerdo marinada con piña es justo lo que necesitas. La pasta de achiote —disponible en cualquier tienda de comestibles mexicanos— ayuda a darle a la carne su color y sabor superauténticos.

1   Corta la espaldilla de cerdo en rebanadas de aproximadamente un centímetro de ancho. Colócalas en un plato o tazón grande. En otro tazón mezcla la pasta de achiote, el chile en polvo, el ajo en polvo, el orégano, el comino, la sal, la pimienta, el vinagre y el jugo de piña; machaca y revuelve todo hasta que quede una mezcla suave, libre de grumos. Vierte la marinada sobre las rodajas de carne de cerdo y revuelve para asegurarte de que queden cubiertas por todos lados. Cubre el recipiente con una envoltura de plástico y refrigera al menos 2 horas o incluso hasta por 3 días.

2   Precalienta el horno a 180 °C. Forra una bandeja para hornear con papel encerado o aluminio.

3   Coloca 1 o 2 rodajas de piña en la bandeja para hornear. Toma una brocheta de madera y clávala directamente en el centro de la piña. Saca la carne de cerdo del refrigerador y pasa las rebanadas a través del palillo, colocando una tras otra hasta que quede un espacio de 3 centímetros en la parte superior. Clava otra rodaja de piña en la parte superior.

4   Hornea durante una hora y media, hasta que el cerdo esté ligeramente carbonizado por fuera y de color rojo intenso. Deja reposar la carne unos 10 minutos. Luego corta las rodajas finas de cerdo y las piñas asadas.

5   Para armar los tacos, coloca un poco de carne de cerdo sobre las tortillas, unos trozos de piña, una pizca de cebolla, una pizca de cilantro, una cucharada de salsa y un poco de aguacate cortado en cubos. Sirve con las mitades de limón.

Banderillas de salchicha con queso y jalapeño

PARA 4 BANDERILLAS

4 **salchichas**

4 rebanadas delgadas de **queso cheddar** a temperatura ambiente

1 taza de **harina común**

1 taza de **harina de maíz amarillo**

¼ de taza de **azúcar**

4 cucharaditas de **polvo para hornear**

¼ de cucharadita de **sal**

⅛ de cucharadita de **pimienta negra**

1 taza de **leche**

1 **huevo**

1 **chile jalapeño** picado

Aceite de cacahuate o **vegetal** para freír

Mostaza para servir

Palillos de madera

La comida ensartada en un palillo nos hace cosquillas en todos los lugares correctos. Prueba A: la banderilla, una delicia de las ferias, que es sorprendentemente fácil de elaborar en casa. Esta versión es como pan de maíz y un hot dog con queso de estadio de beisbol, todo junto en un paquete irresistible. Nota: si la masa no se pega a las salchichas congeladas, cúbrelas con una capa de harina para conseguir una mayor adhesión.

1   Coloca una salchicha en una rebanada de queso y envuélvela. Encaja un palillo a través de la salchicha envuelta en queso. Colócala con el empalme hacia abajo en una bandeja para hornear. Repite con las salchichas restantes. Congela por 20 minutos.

2   En un tazón grande para mezclar agrega los ingredientes secos y revuelve. Una vez que esté completamente mezclado añade la leche, el huevo y el jalapeño. Revuelve hasta que tengas una masa suave, libre de grumos. Es posible que debas añadir 1 o 2 cucharadas de harina, pues la masa debe ser lo suficientemente espesa para adherirse a las salchichas. Viértela en un vaso alto para que sea más fácil bañarlas.

3   Precalienta el aceite a 180 °C.

4   Sosteniendo la punta del palillo, toma una salchicha congelada y sumérgela por completo en la masa. Levántala y gírala sobre el vaso para que caiga el exceso de masa. Con unas pinzas coloca cuidadosamente la banderilla en el aceite caliente. Mantenla sumergida por completo durante 30 o 60 segundos hasta que se forme una costra. Luego gírala para que se fría de manera uniforme. Cocina de 3 a 5 minutos o hasta que esté dorada. Repite con las banderillas restantes.

Sándwich de pollo frito a la mantequilla

`PARA 8 SÁNDWICHES`

MARINADA

2 tazas de **suero de mantequilla** (o leche cuajada).

1 cucharadita de **sal**

1 cucharadita de **pimienta negra**

½ cucharadita de **pimienta de cayena**

8 muslos de **pollo** deshuesados y sin piel

ADEREZO DE ENELDO

1½ tazas de **yogurt griego natural**

3 cucharadas de **eneldo** fresco y picado

1 cucharadita de **ajo en polvo**

2 cucharadas de **jugo de limón** fresco

¼ de taza de **queso parmesano** rallado

HARINA SAZONADA

2 tazas de **harina común**

1 cucharada de **sal**

2 cucharaditas de **pimienta negra**

1½ cucharaditas de **cayena**

1 cucharada de **ajo en polvo**

Aceite de cacahuate o **vegetal** para freír

PARA SERVIR

Mantequilla suavizada para los bollos

8 bollos de pan **brioche** para hamburguesa

Lechuga mantequilla

2 **jitomates** rebanados

Con una saludable dosis de cayena en la marinada y en el baño de harina, este sándwich reúne lo picante con lo crujiente. El puro filete de pollo jugoso apilado en un pan junto con lechuga y jitomate hubiera sido suficiente para sorprender a cualquiera, pero la excepcional salsa de yogurt con limón lo eleva a una categoría superior.

1 En un tazón mediano mezcla todos los ingredientes de la marinada. Acomoda los muslos de pollo dentro para que queden cubiertos por completo. Déjalos marinar al menos 1 hora en el refrigerador o durante toda la noche.

2 En un tazón pequeño mezcla todos los ingredientes para el aderezo de eneldo. Cubre y deja reposar al menos 1 hora en el refrigerador para que se enfríe.

3 En un tazón mediano mezcla todos los ingredientes para la harina sazonada. Mete el pollo marinado en la mezcla de harina hasta que esté completamente cubierto.

4 Calienta el aceite a 180 °C en una olla profunda. Cuida que el aceite no pase de la mitad de la olla. Fríe cuidadosamente el pollo durante 7 minutos, o hasta que esté bien cocido. La temperatura interna debe alcanzar 75 °C y el pollo debe quedar dorado y crujiente. Escúrrelo en un plato forrado con una toalla de papel o en una rejilla de alambre.

5 Calienta un sartén grande. Unta con mantequilla el interior de los bollos de hamburguesa partidos por la mitad. Enseguida tuéstalos sobre el sartén caliente hasta que estén dorados y crujientes. Prepara los sándwiches con el pan tostado, la lechuga, el pollo frito, las rebanadas de jitomate y el aderezo de eneldo.

DULCE

Pastel bañado (poke cake) fácil y de cuatro maneras

CADA RECETA RINDE 12 PORCIONES

No trates de encontrarle errores a esta teoría: estos pasteles bañados de sabor son simples, diferentes y deliciosos.

PASTEL BAÑADO DE TORTUGA DE CHOCOLATE

1 **pastel de chocolate** recién hecho, preparado desde cero o utilizando una mezcla de paquete

1 lata (370 gramos) de **dulce de leche** tibio

1 lata (450 gramos) de **betún de chocolate**

½ taza de **nueces** picadas

½ taza de **minichispas de chocolate**

Jarabe de caramelo al gusto

1   Con el mango de una cuchara de madera elabora al menos 3 filas de 4 agujeros en el pastel recién cocido, hasta tener al menos 12 agujeros en total. Vierte el dulce de leche sobre el pastel y déjalo reposar alrededor de 10 minutos. Un poco del dulce de leche se mantendrá en la parte superior, lo cual está bien. Si es necesario, puedes recalentarlo o mezclarlo con un poco de leche para diluirlo.

2   Extiende el betún de chocolate de manera uniforme sobre el pastel. Espolvorea las nueces picadas y las minichispas de chocolate sobre él. Luego rocía con el caramelo. Deja enfriar al menos 3 horas o incluso toda la noche.

PASTEL BAÑADO DE PLÁTANO Y CREMA DE CACAHUATE

1 **pastel de vainilla** recién hecho, preparado desde cero o utilizando una mezcla de paquete

4 **plátanos**, 2 machacados y 2 rebanados

1½ tazas de **crema de cacahuate cremosa** derretida

1 lata (400 gramos) de **leche condensada endulzada**

230 gramos de **crema batida** lista para servir

½ taza de **cacahuate tostado** y picado

1   Con el mango de una cuchara de madera elabora al menos 3 filas de 4 agujeros en el pastel recién cocido, hasta tener al menos 12 agujeros en total.

2   En un tazón grande mezcla los 2 plátanos machacados, una taza de crema de cacahuate derretida y la leche condensada endulzada; si es necesario, agrega leche extra para diluir la mezcla. Vierte la mezcla sobre el pastel y déjalo reposar alrededor de 10 minutos. Un poco de la mezcla se mantendrá en la parte superior, lo cual está bien.

3   Extiende la crema batida de manera uniforme sobre el pastel. Coloca los plátanos rebanados sobre la crema. Rocía la ½ taza restante de crema de cacahuate derretida encima y espolvorea con los cacahuetes tostados. Deja enfriar al menos 3 horas o incluso toda la noche.

PASTEL BAÑADO DE COOKIES AND CREAM

1 **pastel de chocolate** recién hecho, preparado desde cero o utilizando una mezcla de paquete

1 paquete de mezcla de **pudín de cookies and cream**

1 taza de **leche**

230 gramos de **crema batida** lista para servir

1 taza de **galletas de chocolate** trituradas y algunas adicionales para cubrir

1 lata (400 gramos) de **leche condensada endulzada**

1 Con el mango de una cuchara de madera elabora al menos 3 filas de 4 agujeros en el pastel recién cocido, hasta tener al menos 12 agujeros en total.

2 En un tazón grande coloca el paquete de la mezcla de pudín y la leche, y bate hasta que no queden grumos. Añade la crema batida y las galletas de chocolate trituradas. Revuelve hasta que todo esté bien incorporado y déjalo aparte.

3 Vierte la leche condensada endulzada sobre el pastel y déjalo reposar alrededor de 10 minutos. Un poco de la mezcla permanecerá en la parte superior, lo cual está bien.

4 Extiende la mezcla de pudín sobre el pastel y alisa para que quede una capa uniforme. Espolvorea las galletas trituradas adicionales encima. Deja enfriar al menos 3 horas o incluso toda la noche.

PASTEL BAÑADO DE CHEESECAKE Y FRUTOS ROJOS

1 **pastel de vainilla** recién hecho, preparado desde cero o utilizando una mezcla de paquete

2 tazas de **fresas** sin coronas

230 gramos de **queso crema** suavizado

1 lata (400 gramos) de **leche condensada endulzada**

1 taza de **zarzamoras** trituradas

1 taza de **frambuesas** trituradas

230 gramos de **crema batida** lista para servir

Galletas graham (pueden ser galletas María) desmoronadas, para la cubierta

Fresas, zarzamoras o **frambuesas** rebanadas, para la cubierta

1 Con el mango de una cuchara de madera elabora al menos 3 filas de 4 agujeros en el pastel recién cocido, hasta tener al menos 12 agujeros en total.

2 En un tazón grande tritura las fresas con un machacador de papas o un tenedor hasta convertirlas en una pulpa. Agrega el queso crema y la leche condensada endulzada, y bate hasta que no haya grumos grandes. Añade las zarzamoras y frambuesas machacadas y revuelve solo una o dos veces para que los colores permanezcan diferenciados. Vierte la mezcla sobre el pastel y déjalo reposar alrededor de 10 minutos. Una porción de la mezcla se mantendrá en la parte superior, lo cual está bien.

3 Extiende la crema batida de manera uniforme sobre el pastel. Espolvorea las galletas graham encima y agrega fresas en rodajas u otras moras frescas. Deja enfriar al menos 3 horas o incluso toda la noche.

TORTUGA DE CHOCOLATE >

< PLÁTANO Y CREMA DE CACAHUATE

COOKIES AND CREAM

CHEESECAKE Y FRUTOS ROJOS >

Rollo de canela gigante

PARA 12 PORCIONES

MASA

½ taza de **mantequilla** sin sal, derretida, y un poco adicional para engrasar el sartén o el molde

2 tazas de **leche entera** tibia al tacto

½ taza de **azúcar granulada**

1 paquete de **levadura seca activa**

5 tazas de **harina común**

1 cucharadita de **polvo para hornear**

2 cucharaditas de **sal**

RELLENO

¾ de taza de **mantequilla** suavizada

¾ de taza de **azúcar morena**

2 cucharadas de **canela molida**

GLASEADO

115 gramos de **queso crema** suavizado

2 cucharadas de **mantequilla** derretida

2 cucharadas de **leche entera**

1 cucharadita de **extracto de vainilla**

1 taza de **azúcar glass**

Si nunca has preparado un pan para el desayuno, este sería un excelente primer intento. Porque si un rollo de canela normal es impresionante, este conquista al mundo entero.

1 Engrasa generosamente un sartén de hierro fundido o molde para pastel de 25.5 centímetros de diámetro.

2 En un tazón grande mezcla la leche tibia, la mantequilla derretida y el azúcar granulada. La mezcla debe estar tibia, con una temperatura de 40 °C. Si está más caliente, deja enfriar un poco antes de continuar. Espolvorea la levadura de manera uniforme sobre la mezcla tibia y deja reposar durante un minuto. Añade 4 tazas de la harina a la mezcla de leche y revuelve con una cuchara de madera hasta que se hayan incorporado. Cubre el tazón con una toalla o envoltura de plástico y colócala en un lugar cálido para que leve durante 1 hora.

3 Después de 1 hora la masa debe haber duplicado su tamaño. Retira la toalla y agrega ¾ de taza adicional de harina, el polvo para hornear y la sal. Revuelve bien. Luego coloca la masa sobre una superficie bien enharinada. Trabájala ligeramente. Añade más harina según sea necesario, hasta que pierda su adherencia y no se pegue a la superficie. Extiende la masa para formar un rectángulo grande, de aproximadamente 1½ centímetros de espesor. Arregla las esquinas para asegurarte de que estén rectas y uniformes.

4 En un tazón pequeño revuelve los ingredientes del relleno. Extiende la mezcla de manera uniforme sobre el rectángulo de la masa, asegurándote de cubrir también los bordes. Con un cortador de pizza haz 3 cortes horizontales para dividir la masa en 4 tiras largas y de tamaño similar. Comienza desde abajo a enrollar la primera tira de derecha a izquierda. Toma el primer rollo y colócalo en la parte superior de la siguiente tira, ahora enrolla la segunda tira por el lado derecho y rodando a la izquierda, para aumentar el grosor de la primera. Continúa con las tiras restantes hasta que tengas un rollo de canela gigante.

5 Coloca el rollo de canela gigante en el sartén de hierro o molde para pasteles preparado y cubre con una envoltura de plástico. Coloca en un lugar cálido y deja la masa leudar por 30 minutos más. El rollo de canela debe expandirse hasta los bordes del sartén durante este tiempo.

6 Precalienta el horno a 160 °C.

7 Destapa el rollo de canela y hornea por 45 minutos. Cubre el rollo con papel aluminio para evitar que se queme el exterior y hornea durante 35 minutos adicionales.

8 Mientras el rollo de canela está en el horno, prepara el glaseado. En un tazón mediano bate el queso crema, la mantequilla, la leche, la vainilla y el azúcar glass hasta tener una mezcla suave.

9 Retira el rollo de canela del horno y deja enfriar en el sartén al menos 20 minutos. Una vez frío, retíralo del sartén y esparce el glaseado sobre el rollo antes de servir.

Brigadeiros

PARA 12 BRIGADEIROS

2 cucharadas de **mantequilla** y un poco adicional para engrasar el plato

1 lata (400 gramos) de **leche condensada endulzada**

¹/₃ de taza de **cacao en polvo**

Granillo de chocolate

Los brasileños siempre deliran por sus trufas, y ahora sabrás por qué. Con tres ingredientes base (la leche condensada endulzada es clave) y una cacerola puedes elaborar algo increíblemente rico, exquisito y personalizable. Cubrimos los nuestros con granillo de chocolate, pero tú puedes hacerlo con galletas trituradas... o trozos de chocolate... o migas de pastel... o...

1   En una cacerola a fuego medio-bajo derrite la mantequilla y agrega la leche condensada endulzada. Añade el cacao en polvo y revuelve continuamente durante 10 o 15 minutos, hasta que la mezcla comience a separarse del borde de la olla; debe quedar muy espesa. Estará lista cuando pases una cuchara por el centro y tarde unos segundos en volver a fundirse. Extiende la mezcla sobre un plato untado con mantequilla y refrigera por 2 horas.

2   Cuando la mezcla esté lista, unta tus manos con mantequilla para evitar que se peguen y pellizca una porción. Enróllala entre tus manos hasta que tengas una bolita del tamaño de una trufa de chocolate. Repite con el resto de la mezcla. Debes obtener alrededor de 12 bolitas. Por último cubre los brigadeiros con el granillo de chocolate.

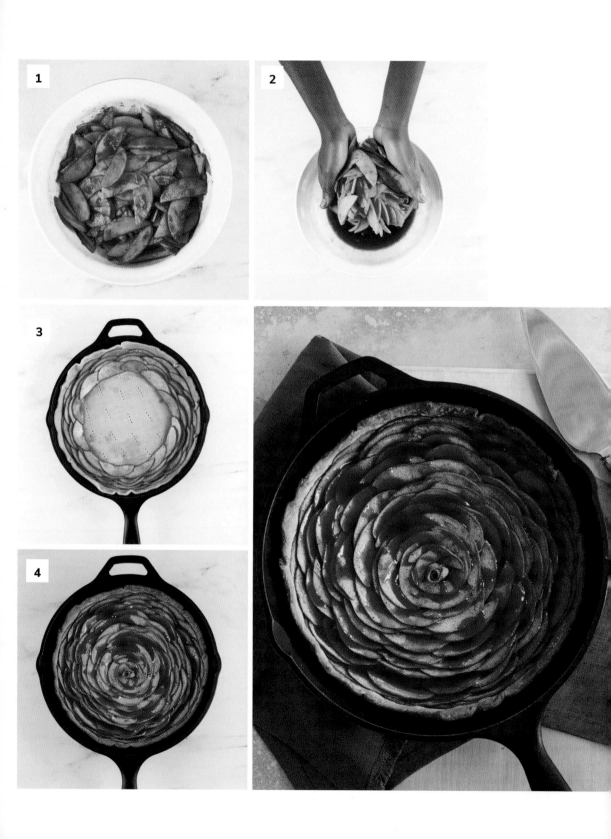

Tarta de manzana con caramelo en forma de rosa

PARA 6 PORCIONES

4 **manzanas**

Jugo de 1 **limón**

½ taza de **azúcar granulada**

½ taza de **azúcar morena**

¼ de cucharadita de **canela**

¼ de cucharadita de **nuez moscada**

1 **masa para tarta** preparada

¼ de taza de **crema para batir**

1 cucharada de **jugo de limón**

Probablemente necesitarás alguna costosa herramienta para hacer esta enorme flor que gotea caramelo, ¿verdad? No... ¡solo necesitas un cuchillo! Después de remojar las manzanas, no tires ese líquido: se convierte en el mejor caramelo de todos los tiempos.

1 Pela las manzanas y colócalas en un tazón grande con suficiente agua para que queden cubiertas. Exprime el limón sobre el agua para evitar que las manzanas se vuelvan más oscuras por la oxidación. Trabaja con una manzana a la vez y corta alrededor del corazón. Desecha el corazón y corta la manzana en rebanadas muy finas.

2 En un tazón grande mezcla el azúcar granulada, el azúcar morena, la canela y la nuez moscada. Revuelve. Agrega las rebanadas de manzana. Mezcla para que queden cubiertas por completo y déjalas reposar durante 30 minutos.

3 Forra un sartén de hierro fundido de 23 centímetros con la masa para tarta y pínchalo con un tenedor en toda su extensión. Deja enfriar en el refrigerador hasta que esté muy firme, entre 20 y 30 minutos.

4 Trabaja por tandas; retira las manzanas de la mezcla de canela y azúcar: toma un puñado a la vez y exprímelas cuidadosamente entre tus manos para eliminar el exceso de humedad. Coloca las manzanas escurridas en un tazón grande separado. Reserva el líquido para hacer la salsa de caramelo.

5 Precalienta el horno a 190 °C.

6 Trabaja desde afuera hacia adentro alineando las rebanadas de manzana en la masa de pastel superponiendo cada rebanada para crear la forma de una rosa. Enrolla una rodaja de manzana firmemente y colócala en el centro, para crear la forma de un brote. Cubre el sartén con papel aluminio y hornea durante 30 minutos. Destapa el sartén y hornea por 10 minutos más, o hasta que las manzanas se hayan dorado. Deja enfriar por 10 minutos.

7 En una cacerola hierve el líquido de azúcar y canela que habías reservado. Una vez que el líquido se reduzca a la mitad, lo que te tomará de 10 a 15 minutos, agrega cuidadosamente la crema para batir y revuelve bien. Para servir, vierte la salsa de caramelo sobre la tarta de manzana una vez que se haya enfriado.

Cazuelitas de tortilla de postre

PARA 6 CAZUELITAS

CAZUELITAS DE TORTILLA

¼ de taza de **azúcar**

1 cucharada de **canela**

2 cucharadas de **mantequilla** derretida

3 **tortillas de harina** de 25 centímetros de diámetro

CREMA BATIDA

1 taza de **crema para batir**

1 cucharadita de **extracto de vanilla**

2 cucharadas de **azúcar**

PARA DECORAR

Fruta fresca al gusto

Esas tortillas de harina sobrantes que guardaste en el refrigerador combinadas con tu bandeja para muffins te llevarán a crear una base crujiente de postre con infinitas posibilidades. ¿No se te antoja la fruta? Cámbiala por nueces tostadas. ¿No quieres crema batida? No hay problema: usa una bola de helado de vainilla.

1   Precalienta el horno a 190 °C.

2   En un tazón pequeño combina el azúcar y la canela. Unta con mantequilla ambos lados de las tortillas, espolvoréalas con el azúcar y la canela mezcladas. Corta cada tortilla en 4 para tener un total de 12 piezas. Coloca 2 piezas en cada espacio de una bandeja para muffins y empuja hacia abajo para que formen un pequeño tazón. Hornea de 13 a 15 minutos o hasta que estén crujientes. Retira los tazones del horno y deja enfriar en la bandeja.

3   Con una batidora eléctrica bate la crema, la vainilla y el azúcar hasta que se formen picos rígidos.

4   Monta las cazuelitas colocando una cucharada de crema batida en cada una. Coloca la fruta fresca de tu elección sobre la crema batida.

Sorbete de zarzamora

½ kilogramo
(aproximadamente 3 tazas) de
zarzamoras congeladas

¼ de taza de **miel**, o tu
edulcorante preferido

Esos sorbetes comprados en la tienda te han estado
ocultando un terrible secreto: tú puedes hacer
una mejor versión. Tan solo mezcla los frutos rojos
congelados de tu gusto con miel, congélalos en
un molde para pan de barra y entonces podrás
cucharear tu camino al paraíso de lo hecho en casa.

1   En el tazón de un procesador de alimentos o licuadora de alta
    velocidad licúa las zarzamoras y la miel hasta que se incorporen
    bien. Vierte en un molde rectangular de pan y alisa para dejar
    una capa uniforme.

2   Congela por 2 horas o hasta que la mezcla esté congelada, pero
    lo suficientemente suave para usar una cuchara de helado.
    Si la congelas durante toda la noche, cubre el molde con una
    tapa o una envoltura de plástico y déjalo reposar a temperatura
    ambiente durante 5 o 10 minutos antes de servir.

Trufas de chispas de chocolate blanco

PARA 4 PORCIONES

3 tazas de **chispas de chocolate blanco**

1 cucharadita de **extracto de vainilla**

½ taza de **crema para batir**

1 taza de **chispas de chocolate semidulce**

TOPPING (COBERTURA)

1 taza de **chispas de chocolate semidulce** derretidas

¼ de taza de **chispas de chocolate blanco** derretidas

Cuando te sientas con poca chispa, haz trufas. La crema tibia y el chocolate derretido crean algo que los franceses llaman *ganache* y que nosotros llamamos milagro. Una vez que se enfría, se elaboran las porciones con una cuchara para helado o un sacabolas para melón —diablos, incluso una simple cuchara servirá—, antes de decorar las trufas con remolinos en blanco y negro, dignos de una tienda de golosinas.

1 En un sartén mediano mezcla las chispas de chocolate blanco, la vainilla y la crema para batir a fuego lento hasta que la mezcla adquiera una consistencia suave. Viértela en una bandeja de pan. Deja reposar en el refrigerador durante 20 minutos para que se enfríe.

2 Vierte las chispas de chocolate semidulce en la mezcla de trufa y revuelve para que quede una consistencia uniforme. Coloca en el refrigerador por 1 hora más o hasta que la mezcla se haya solidificado.

3 Con una cuchara para helado forma bolas con la mezcla. (Vuelve a congelar la mezcla de trufas si comienza a calentarse). Mantén las bolas de trufa en el refrigerador mientras preparas la cobertura.

4 Para la cobertura, derrite las chispas de chocolate semidulce y las de chocolate blanco en tazones separados. Sumerge cada trufa en el chocolate semidulce derretido y deja secar. Rocía las trufas con el chocolate blanco derretido y refrigera. Sírvelas frías.

Churros para el té de la tarde

PARA 10 CHURROS

1⅛ tazas de **harina común**

Pizca de **sal**

2 cucharaditas de azúcar

La **ralladura** de 1 **limón**

1¼ tazas de **agua hirviendo**

½ taza de **mantequilla**

1 cucharadita de **extracto de vainilla**

3 **huevos**

Aceite de cacahuate o **vegetal** para freír

Azúcar-canela (azúcar y canela mezcladas)

PARA SERVIR
Mermelada de fresa

Crema batida o *clotted cream*

HERRAMIENTA ESPECIAL
Manga pastelera con **boquilla de estrella**

Este es uno de esos postres que nunca te habrías atrevido a intentar recrear en casa… hasta ahora. Hacer la masa es muy fácil, y aunque los churros se ven más impresionantes cuando pasan por una manga pastelera con boquilla de estrella, una bolsa de plástico con la punta cortada también podría funcionar. Cuando estés listo para freír, no te preocupes si no tienes un termómetro de repostería, solo corta un trozo de pan blanco y tíralo al aceite cuando creas que ya está listo: si el pan chisporrotea y se dora en 30 segundos, puedes comenzar con los churros.

1   Tamiza la harina en un tazón grande. Agrega la sal, el azúcar y la ralladura de limón, y revuelve.

2   En una cacerola grande vierte el agua hirviendo, la mantequilla y la vainilla. Calienta ligeramente hasta que la mantequilla se derrita y la mezcla esté hirviendo. Apaga el fuego y agrega la mezcla de harina. Bate rápidamente hasta que no quede ningún grumo en la pasta y deja que se enfríe durante 5 minutos.

3   Añade los huevos a la pasta uno por uno hasta que la mezcla esté espesa y pegajosa. Deja enfriar por otros 10 o 15 minutos.

4   Transfiere la mezcla de churro a una manga pastelera con boquilla de estrella ancha. Calienta el aceite en una cacerola grande hasta que alcance los 180 °C; mide la temperatura con un termómetro de repostería. Coloca la mezcla de churro en el aceite, cortando los extremos con tijeras de cocina. Cocina 3 o 4 churros a la vez durante 5 minutos, o hasta que estén dorados.

5   Escurre los churros sobre toallas de papel. Luego cúbrelos con la mezcla de azúcar y canela. Sirve con mermelada de fresa y crema para darle un toque delicioso al té de la tarde.

Macarrones de cheesecake con fresas

PARA 16 MACARRONES

3 **claras de huevo** a temperatura ambiente

¼ de taza de **azúcar granulada**

1¾ tazas de **azúcar glass**

1 taza de **harina de almendras superfina**

3 gotas de **colorante rojo para alimentos**

RELLENO

230 gramos de **queso crema** suavizado

1 taza de **azúcar glass**

2 cucharadas de **leche**

Mermelada de fresa

¿Quieres impresionar a tus invitados? Este es el postre indicado para ti. Si no puedes encontrar la harina de almendras extrafina, muele la harina de almendras más gruesa.

1   En un tazón mediano bate las claras de huevo hasta obtener una consistencia espumosa. Sigue batiendo y agrega lentamente el azúcar granulada hasta que se formen picos rígidos. Tamiza el azúcar glass y la harina de almendras sobre las claras. Con cuidado, integra delicadamente la mezcla seca en las claras de huevo en movimientos envolventes. Da al tazón ¼ de vuelta cada 3 movimientos. Una vez que la masa alcance una consistencia semejante a la lava, transfiere la mitad de la masa a otro recipiente y añade el colorante para alimentos. Mezcla hasta que se integre. ¡Cuida no mezclarla de más!

2   Coloca rápidamente las masas blancas y rosadas en bolsas de sándwich separadas. Corta una esquina de cada bolsa y exprime las 2 masas de manera uniforme en una bolsa más grande o en una manga pastelera para crear un efecto multicolor.

3   Forra una bandeja para hornear con papel encerado. (Consejo: usa un poco de masa para «pegar» los bordes del papel encerado a la bandeja, de manera que este permanezca en su lugar). Con un movimiento circular, forma pequeños círculos de 4 centímetros en la bandeja para hornear. Levanta la bandeja y golpéala con suavidad en la mesa de cocina para asentar la masa. Deja reposar las galletas durante 1 hora, hasta que ya no se sientan húmedas al tacto y se forme una capa dura en la parte superior.

4   Precalienta el horno a 140 °C.

5   Prepara el relleno mezclando el queso crema, el azúcar glass y la leche en un tazón hasta que quede suave. Transfiere a una manga pastelera y reserva hasta que estés listo para rellenar los macarrones.

6   Cuando las galletas estén secas al tacto, hornéalas durante 13 o 15 minutos, hasta que hayan subido. Déjalas enfriar por 10 minutos. Para rellenar, coloca un círculo de la mezcla de queso crema alrededor del borde de una galleta y una pequeña cucharada de mermelada en el centro. Forma un sándwich con otra galleta. Los macarrones se mantienen mejor si los refrigeras hasta servir.

CLÁSICA

Pasta de hojaldre de cuatro maneras

Con estos cuatro trucos para preparar la pasta de hojaldre estarás pensando en tu repertorio de postres desde el primer momento. Así que ¡deja que tu corazón se esponje de contento!

LA TRENZA

PARA 2 HOJALDRES

240 gramos de **pasta de hojaldre**

6 cucharadas de **relleno de queso crema** con la receta que encontrarás más adelante

5 cucharadas de **chispas de chocolate**

Azúcar glass para servir

1 Precalienta el horno a 200 °C.

2 Corta la masa de hojaldre en 2 y amásala para tener 2 rectángulos de 20 centímetros de ancho. Haz 5 ranuras en cada lado de la masa (para formar 6 tiras diagonales en cada lado de aproximadamente un centímetro de grosor). Deja 8 centímetros intactos en el centro de la masa.

3 Extiende la mitad del relleno en el centro de la masa. Espolvorea la mitad de las chispas de chocolate encima. Dobla las tiras de masa hacia abajo para cubrir el centro en diagonal, alternando cada lado. Repite con el otro rectángulo y los ingredientes restantes.

4 Hornea durante 15 o 20 minutos, hasta que la masa esté dorada y esponjada. Espolvorea un poco de azúcar glass sobre la trenza y sirve.

RELLENO DE QUESO CREMA

230 gramos de **queso crema** suavizado

¼ de taza de **azúcar**

½ cucharadita de **extracto de vainilla**

En un tazón mediano combina el queso crema, el azúcar y la vainilla hasta obtener una mezcla suave.

DIAMANTE DE FRESA

PARA 9 HOJALDRES

240 gramos de **pasta de hojaldre**

9 cucharadas de **relleno de queso crema** preparado con la receta previa

5 **fresas** cortadas a la mitad y sin coronas

Azúcar glass para servir

1 Precalienta el horno a 200 °C.

2 Corta la masa de hojaldre en 9 cuadrados iguales. Toma uno de los cuadrados y dobla una de las esquinas hacia la esquina opuesta para formar un triángulo. A ½ centímetro del borde, corta aproximadamente tres cuartas partes de la masa desde la parte inferior del triángulo hasta la punta en ambos lados. Asegúrate de que los cortes no se toquen. Desdobla el cuadrado. Toma la esquina superior cortada y dóblala hacia los 2 cortes cerca de la parte inferior. Toma la esquina inferior cortada y dóblala hacia el borde superior.

3 Coloca aproximadamente una cucharada de relleno de queso crema en el medio y una mitad de fresa encima. Repite con los cuadrados de hojaldre restantes.

4 Hornea durante 15 o 20 minutos hasta que la masa esté dorada y esponjada. Espolvorea un poco de azúcar glass sobre los diamantes y sirve.

FLOR DE FRAMBUESA

240 gramos de **pasta de hojaldre**

4 cucharadas de **relleno de queso crema** preparado con la receta de la página anterior

20 **frambuesas**

Azúcar glass para servir

1 Precalienta el horno a 200 °C.

2 Corta el hojaldre en 4 cuadrados iguales. Toma uno de los cuadrados y, dejando un borde de ½ centímetro, haz 8 cortes en total a lo largo de los bordes. Cuida que cada corte llegue aproximadamente a un tercio del cuadrado, siguiendo los bordes. Asegúrate de que los cortes no se toquen.

3 Coloca una cucharada de relleno de queso crema en el centro del cuadrado. Luego cubre con 4 frambuesas. Toma una de las esquinas y dóblala hacia el centro, pasando la frambuesa. Repite el movimiento con las otras esquinas. Coloca una frambuesa en el centro, encima de donde se superponen todas las aletas. Repite con los cuadrados de hojaldre restantes.

4 Hornea durante 15 o 20 minutos hasta que la masa esté dorada y esponjada. Espolvorea un poco de azúcar glass sobre las flores y sirve.

REHILETE DE MORAS AZULES

240 gramos de **pasta de hojaldre**

9 cucharadas de **relleno de queso crema** preparado con la receta de la página anterior

36 **moras azules**

Azúcar glass para servir

1 Precalienta el horno a 200 °C.

2 Corta el hojaldre en 9 cuadrados iguales. Haz 4 cortes en cada cuadrado, comenzando cada corte desde las esquinas exteriores hacia el centro del cuadrado. Detente justo antes de llegar al centro. Toma una de las esquinas y dóblala hacia el centro. Dobla las demás esquinas alternadas hacia el centro hasta que hayas creado una forma de rehilete.

3 Coloca aproximadamente una cucharada de relleno de queso crema en el medio. Luego pon 4 moras azules encima. Repite con los rehiletes restantes.

4 Hornea durante 15 o 20 minutos hasta que la masa esté dorada y esponjada. Espolvorea un poco de azúcar glass sobre los rehiletes y sirve.

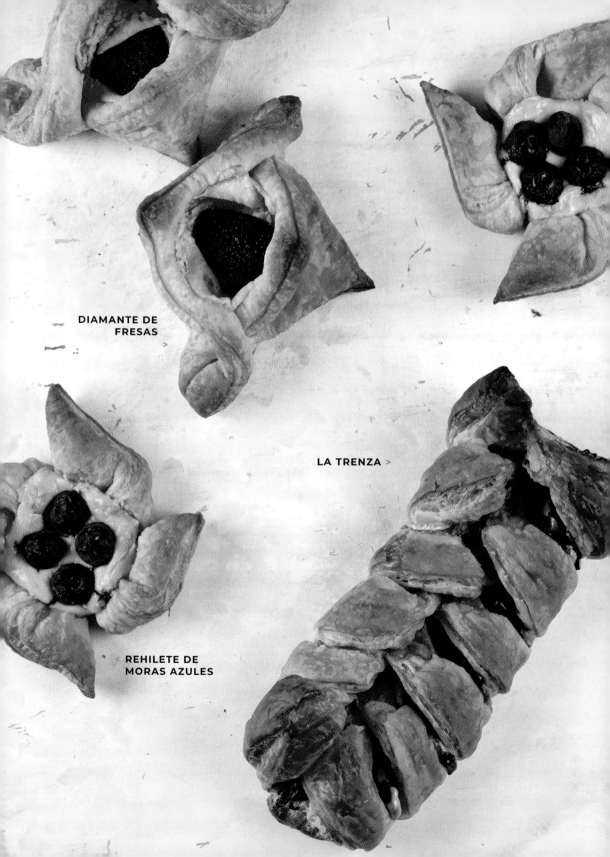

DIAMANTE DE
FRESAS >

LA TRENZA >

REHILETE DE
MORAS AZULES

FLOR DE
FRAMBUESA

Ñoquis caseros

PARA 2 PORCIONES

4 **papas russet** pequeñas o medianas

1 cucharadita de **sal** y un poco adicional para el agua

1 cucharadita de **pimienta negra**

1 **huevo**

1½ tazas de **harina común**

2 cucharadas de **mantequilla**

Hojas de salvia

El secreto para hacer ñoquis fabulosos es tratar la masa con mano ligera. Estruja, mezcla y amasa esas papas lo menos posible para obtener los mejores resultados.

1   Mete las papas a una olla grande de agua fría con sal. Lleva a ebullición y cocina durante 20 o 25 minutos, o hasta que un tenedor pueda pasar fácilmente por una papa. Escurre las papas y déjalas aparte hasta que estén lo suficientemente frías para manejarlas, pero aún calientes.

2   Con un pelador o con tus dedos quita la cáscara de las papas. En un tazón mediano prensa las papas hasta que todos los grumos hayan desaparecido. Agrega sal y pimienta, y mezcla bien. Haz un pozo en el centro de las papas prensadas y añade el huevo. Bate el huevo brevemente. Luego, con las manos mezcla suavemente el huevo con las papas hasta que se distribuya de manera uniforme.

3   Coloca una taza de harina en una superficie limpia y extiende la masa de papa encima. Mantén cerca la ½ taza extra, en caso de que la necesites. Amasa rápida y cuidadosamente, incorporando solo la cantidad de harina que necesites en el proceso hasta que la masa pierda adherencia y se vuelva más sólida. Corta la masa en 4 partes. Extiende una parte hasta formar una cuerda larga, de aproximadamente 2½ centímetros de diámetro. Corta la cuerda por la mitad y trabaja con una mitad a la vez si esta se alarga demasiado. Corta la cuerda en cuadrados de un centímetro y déjalos aparte, en una superficie ligeramente enharinada. Repite con el resto de la masa.

4   Si lo deseas, coloca un tenedor en tu superficie de trabajo y desliza cada cuadrado de ñoqui desde la base de las puntas del tenedor hacia la parte superior para que tengan forma decorativa.

5   Lleva a ebullición una olla grande de agua con sal y mete los ñoquis en tandas. Revuelve suavemente 1 o 2 veces para asegurarte de que no se peguen. Deja hervir el agua hasta que los ñoquis floten en la parte superior; después de otros 15 o 30 segundos en el agua, retíralos.

6   En un sartén a fuego medio derrite la mantequilla y agrega la salvia. Añade los ñoquis y revuelve hasta que estén ligeramente dorados.

Pollo cordon bleu

4 **pechugas de pollo** deshuesadas y sin piel

Sal y pimienta al gusto

1 cucharada de **ajo en polvo**

1 cucharada de **cebolla en polvo**

16 rebanadas finas de **queso suizo**

¼ de kilogramo de **jamón** rebanado finamente

Aceite de cacahuate o **vegetal** para freír

1 taza de **harina común**

4 **huevos** batidos

2 tazas de **pan molido panko**

SALSA DE DIJON CREMOSA

3 cucharadas de **mantequilla**

2 **dientes de ajo** picados

3 cucharadas de **harina común**

2 tazas de **leche**

¼ de taza de **mostaza dijon**

1 taza de **queso parmesano** rallado

Sal y pimienta al gusto

Cuando una receta de pollo funciona cual truco de magia, sabes que tienes el plato ganador. Cuando el jamón y el queso dentro de cada rollito crujiente de pollo se revelen al rebanarlo, tienes garantizado un montón de oooohs, aaaahs y hmmmms a tu alrededor.

1   Espolvorea las pechugas de pollo con sal, pimienta, ajo en polvo y cebolla en polvo; dales la vuelta para cubrirlas de manera uniforme. En una tabla para picar coloca una pechuga de pollo entre 2 hojas de plástico para envolver y, con un mazo de carne, un rodillo o un sartén pesado, aplánala hasta que tenga un grosor de aproximadamente un centímetro. Retira el plástico y coloca una capa de queso suizo, aproximadamente 3 o 4 rebanadas, luego 4 rebanadas de jamón y después una capa más de queso suizo, otras 3 o 4 rebanadas. Enrolla el pollo de manera uniforme y colócalo en una nueva envoltura de plástico. Envuelve bien el pollo en el plástico y usa lo que sobre a los lados para torcer, de manera que el rollo de pollo cordon bleu quede firme mientras trabajas. Ata el exceso de plástico. Repite con el resto de los ingredientes y enfría los rollos en el refrigerador para fijarlos durante 30 minutos.

2   Mientras tanto, precalienta un sartén de paredes altas con 5 centímetros de aceite a 160 °C.

3   Una vez que los rollos estén listos, prepara platos grandes y anchos separados con la harina, los huevos batidos y el pan molido panko. Pasa primero el pollo por la harina, luego por el huevo y al final por el pan molido. Coloca el pollo cordon bleu empanizado en el aceite y cocina aproximadamente 5 minutos por lado o hasta que el exterior esté dorado. Si se logra un buen color y el centro del pollo aún no alcanza los 75 °C, coloca el pollo cordon bleu en una rejilla para enfriar sobre una bandeja para hornear y termina el pollo en el horno a 160 °C, hasta que alcance esa temperatura interior.

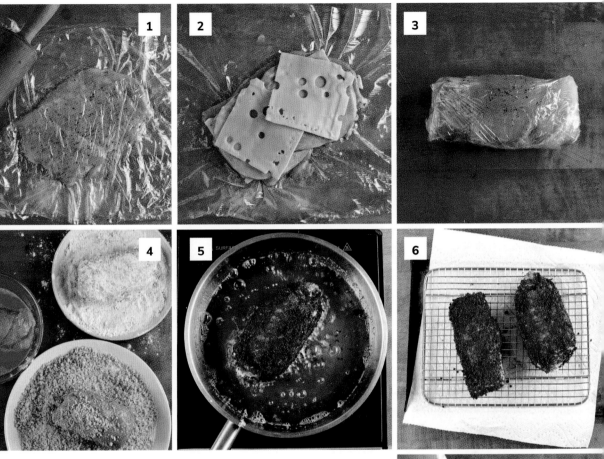

4   Mientras tanto prepara la salsa: en una cacerola de un litro
    y medio de capacidad derrite la mantequilla a fuego medio
    y cocina el ajo hasta que esté suave. Agrega la harina y bate
    por un minuto. Añade la leche y mezcla hasta que esté
    completamente combinada con el roux y no haya grumos.
    Continúa batiendo hasta que la mezcla hierva a fuego lento y
    se espese. Incorpora la mostaza, el queso parmesano, la sal y la
    pimienta, y mezcla para combinar. Deja la salsa aparte.

5   Rebana el pollo y sírvelo rociado con la salsa dijon.

Pollo Marsala

4 **pechugas de pollo** deshuesadas y sin piel, cortadas

1 taza de **harina común**

Sal y pimienta al gusto

1 cucharada de **cebolla en polvo**

1 cucharada de **ajo en polvo**

2 cucharadas de **aceite de oliva**

4 cucharadas de **mantequilla**

2 **dientes de ajo** picados

½ taza de **chalotes** picados

½ kilogramo de **champiñones cremini** partidos en rebanadas finas

2 tazas de **vino Marsala** seco

2 tazas de **caldo de pollo**

Jugo de ½ **limón**

Perejil fresco para servir

Pasta cocida, **papas** o **arroz**, para servir

El vino Marsala le da nombre a esta receta clásica; si no puedes encontrarlo, usa 1¾ tazas de vino blanco seco mezclado con ¼ de taza de brandy.

1   Corta cada pechuga de pollo por la mitad a lo largo. Luego corta la mitad más grande y gruesa nuevamente de manera horizontal para crear 3 chuletas del mismo grueso. Coloca la harina, la sal, la pimienta, la cebolla en polvo y el ajo en polvo en un plato ancho y poco profundo, y revuelve. Reboza los trozos de pollo en la mezcla de harina. Agita suavemente para eliminar el exceso de harina y deja aparte.

2   Calienta el aceite y 2 cucharadas de mantequilla en un sartén grande a fuego medio-alto. Coloca el pollo en tandas para evitar la saturación. Cocina el pollo hasta que esté dorado, aproximadamente por 3 minutos. Voltea y cocina el otro lado por otros 3 minutos. Retira el pollo del sartén y deja aparte.

3   Ahora vacía el sartén con las sobras de aceite y mantequilla. Agrega el ajo, los chalotes y los champiñones cremini. Revuelve de vez en cuando, raspando el fondo del sartén, hasta que los champiñones estén suaves y la mayor parte del líquido se haya evaporado, durante unos 8 minutos.

4   Desglasa el sartén con el vino Marsala. Raspa todos los trozos caramelizados que hayan quedado en la base del sartén. Vierte el caldo de pollo y el jugo de limón, y deja que la mezcla hierva. Baja a fuego lento y cocina hasta que el líquido se haya reducido a la mitad.

5   Apaga el fuego. Agrega 2 cucharadas de mantequilla fría y revuelve hasta que la salsa esté suave y cremosa. Añade el pollo cocido a la salsa y cocina a fuego lento durante 5 minutos más; voltea el pollo a la mitad del tiempo. Espolvorea con perejil y sirve con pasta, papas o arroz.

Lasaña clásica de jitomate

PARA 12 PORCIONES

SALSA BOLOÑESA

2 cucharadas de **aceite de oliva**

2 cucharadas de **mantequilla**

1 **cebolla** picada

1 **zanahoria** grande pelada y picada

1 tallo de **apio** picado

2 **dientes de ajo** picados

½ kilogramo de **carne de res molida**

½ kilogramo de **carne de cerdo molida**

Sal y pimienta al gusto

170 gramos de **puré de tomate**

2 tazas de **vino tinto**

800 gramos de **jitomates enlatados** cortados en cubos

MEZCLA DE HIERBAS CON RICOTTA

425 gramos de **queso ricotta**

½ taza de **albahaca** fresca picada

1 taza de **queso parmesano** rallado, y un poco adicional al gusto

½ taza de **perejil** fresco picado

1 **huevo**

Sal y pimienta al gusto

½ kilogramo de **pasta de lasaña** cocida

Queso mozzarella rallado

Hacer tu propia salsa boloñesa marca la diferencia para la lasaña, garantizando capas de sabor a jitomate y carne, entre la pasta y el queso.

1 Precalienta el horno a 200 °C.

2 Pon el aceite de oliva y la mantequilla en un sartén a fuego medio-alto. Una vez caliente, agrega la cebolla, la zanahoria, el apio y el ajo. Deja que se cuezan, revolviendo ocasionalmente hasta que estén dorados. Una vez que las verduras se hayan caramelizado, añade la carne molida de res y de cerdo, la sal, la pimienta y el puré de tomate. Revuelve para combinar, desbaratando los trozos grandes de carne hasta que esta se dore.

3 Una vez que la salsa adquiera un color café oscuro y comience a pegarse ligeramente en la base del sartén, agrega el vino tinto. Raspa el fondo del sartén con una cuchara de madera para liberar todos los trozos cafés cocidos. Cuando el vino hierva a fuego lento añade los jitomates enlatados cortados en cubos y revuelve. Cocina la salsa a fuego lento al menos 30 minutos (¡cuanto más tiempo, mejor!). Deja aparte.

4 En un tazón grande mezcla el queso ricotta, la albahaca, una taza de queso parmesano, el perejil, el huevo, la sal y la pimienta. Deja aparte.

5 En un molde de vidrio para hornear de 23 × 33 centímetros, coloca una capa de boloñesa al fondo. Cubre con las hojas de la lasaña. Luego extiende una capa de la mezcla de ricotta y hierbas en la parte superior. Repite con otra capa de boloñesa, pasta, mezcla de ricotta, pasta, boloñesa. Al final cubre con mozzarella y el parmesano adicional. Cubre el molde con papel aluminio y hornea durante 25 minutos.

6 Retira el papel aluminio y hornea por 15 minutos más, hasta que el queso de la parte superior se haya dorado y la boloñesa esté burbujeando. Corta y sirve.

Pasta al pesto con pollo y tocino en una sola olla

6 tiras de **tocino** rebanado

2 **pechugas de pollo** deshuesadas y sin piel, rebanadas

2 cucharaditas de **sal**

1 cucharadita de **pimienta negra**

1 cucharadita de **ajo en polvo**

2 **cebollas** rebanadas

4 **dientes de ajo** picados

140 gramos de **espinacas**

5 tazas de **leche**

½ kilogramo de **pasta fettuccini**

½ taza de **pesto**

1 taza de **queso parmesano** y un poco adicional para servir

Perejil fresco, picado, para servir

Cualquier receta que tenga las palabras «en una sola olla» en el título es motivo de emoción. La receta de esta especie de fusión alfredo-primavera-carbonara hará que recuerdes su sabor por días. Comienza por cocinar el tocino hasta que esté crujiente, con lo cual creas una capa base ahumada de maravilla que se extiende a través de una salsa cremosa, con mucho queso y ajo, mezclada con espinacas y pollo.

1   En una olla grande u horno holandés a fuego medio-alto cocina el tocino hasta que esté crujiente. Agrega el pollo y sazona con la sal, la pimienta y el ajo en polvo. Deja que se cueza hasta que pierda su color rosado. Luego retira el pollo y mantenlo aparte.

2   Agrega las cebollas y el ajo a la olla, y cocina hasta que se hayan suavizado. Cuando las cebollas estén caramelizadas agrega las espinacas y cocina hasta que cambien de color. Vierte la leche y deja que hierva. Incorpora el fettuccini a la mezcla hirviendo y cubre. Deja cocer a fuego medio hasta que la leche se espese y la pasta esté cocida, aproximadamente 7 minutos.

3   Regresa el pollo a la olla. Añade el pesto y el parmesano. Decora con perejil y parmesano adicional para servir.

Tarta de pollo a la cacerola en un solo sartén

1 cucharada de **aceite de oliva**

³/₄ de kilogramo de **pechugas de pollo** deshuesadas y sin piel, cortadas en cubos

Sal y pimienta al gusto

½ **cebolla blanca** picada

2 **dientes de ajo** picados

1 **papa Yukon Gold** cortada en cubos

2 tazas de **chícharos** y **zanahorias** congelados

4 cucharadas de **mantequilla**

4 cucharadas de **harina común**

2 tazas de **caldo de pollo**

1 **masa para tarta** preparada, descongelada

1 **huevo** batido

Ya sea que hagas una masa para tarta desde cero o tomes una de las que ya están listas en los refrigeradores del supermercado, ahora tienes el ingrediente esencial para la perfección de esta tarta a la cacerola. El relleno de papas, cebollas, zanahorias y chícharos, sin mencionar la emoción de romper la corteza hojaldrada para revelar el relleno cremoso, es el equivalente en cocina de un acogedor conjunto de piyama.

1   Precalienta el horno a 200 °C.

2   Calienta el aceite en un sartén de hierro fundido. Agrega el pollo, sazona con sal y pimienta, y deja que se cueza hasta que la carne esté dorada por fuera y ya no esté rosada en el centro. Retira el pollo del sartén y deja aparte.

3   Pon las cebollas y el ajo en el mismo sartén, sofríe hasta que estén transparentes. Agrega los cubos de papa y sofríe 5 minutos más. Añade los chícharos y las zanahorias, y revuelve nuevamente. Agrega la mantequilla y deja que se derrita. Espolvorea la harina por encima, cubriendo las verduras, y revuelve rápidamente para evitar que se formen grumos. Vierte el caldo de pollo y hierve para espesar la salsa. Sazona con sal y pimienta, y retira del fuego. Añade el pollo cocinado y revuelve.

4   Coloca la masa de tarta sobre la mezcla de pollo y vegetales, y sella cuidadosamente con los dedos a lo largo de los bordes del sartén. Barniza la masa con el huevo batido y corta tres ranuras en la parte superior, al centro, para que se libere el vapor. Hornea por 25 o 30 minutos, o hasta que la masa se haya dorado.

Filete francés a la pimienta

PARA 2 PORCIONES

400 gramos de **filete New York** u otro de buena calidad

2 cucharaditas de **sal kosher**

2 cucharadas de **pimienta negra** molida gruesa

1 cucharada de **aceite vegetal**

2 cucharadas de **mantequilla**

1 taza de **crema para batir**

1/3 de taza de **brandy** o **cognac**

1 cucharada de **mostaza dijon**

La revelación de este filete asado favorito son los trozos de pimienta negra que obtienes al triturar en grueso los granos enteros; están tan llenos de sabor que nunca querrás volver a usar pimienta en polvo. Después de que untes el filete con la pimienta y lo cuezas en el sartén, los trozos tostados que quedan ahí son la base para una enriquecida salsa cremosa, con un poco de picor y un sabor que te harán querer lamer el sartén después.

1   Sazona generosamente el filete con sal y pimienta; asegúrate de cubrir toda la superficie de la carne. Presiona con tus manos los condimentos en la carne para crear una capa uniforme.

2   Calienta el aceite vegetal y una cucharada de mantequilla en un sartén grande a fuego medio-alto, hasta que comience a humear. Coloca el filete en el sartén y dora por un lado durante 4 minutos. Gira y dora el otro lado por otros 4 minutos, para que quede en término medio. Si el filete tiene un borde de grasa en un costado, asegúrate de dorarlo también entre 30 segundos y un minuto. Una vez cocinado al punto deseado transfiere el filete a una tabla para picar para que repose.

3   Reduce a fuego medio y agrega el brandy al sartén. Permite que se cocine aproximadamente un minuto mientras raspas con un batidor de mano los trozos dorados en el fondo del sartén. Una vez que el brandy se haya reducido a la mitad, agrega la crema y continúa batiendo hasta que se incorpore. Añade la mostaza dijon y la cucharada restante de mantequilla, y continúa cocinando hasta que la mezcla comience a reducirse y espesarse, de 5 a 7 minutos. Al final la salsa del sartén debe tener una consistencia rica y debe poder cubrir el dorso de una cuchara. Reduce el calor al mínimo.

4   Corta el filete en trozos de 1½ centímetros. Vierte la salsa de crema encima y sirve.

Estofado de res de cocción lenta

⅓ de taza de **harina común**

1½ cucharadas de **sal**

½ cucharada de **pimienta negra**

1.4 kilogramos de **diezmillo**

1 cucharada de **aceite de oliva**

1 **cebolla morada** cortada en cubos

1 tallo de **apio** cortado en cubos

1 **zanahoria** cortada en cubos

3 **dientes de ajo** picados

1 lata (800 gramos) de **tomates pera**

2 tazas de **vino tinto**

1 hoja de **laurel**

1 cucharada de **perejil** fresco picado y un poco adicional para servir

1 cucharada de **salvia** fresca picada

Te presentamos a nuestra mejor amiga: la olla de cocción lenta. No solo nos ahorra tiempo y desorden en la cocina, sino que también nos hace sentir bien sobre holgazanear mientras la carne de esta receta se baña en una exquisita salsa de jitomate enriquecida con vino. ¡Ah! Si te resulta difícil encontrar la salvia fresca, puedes sustituirla por media cucharada de salvia seca. No te preocupes, tu nueva mejor amiga dice que está bien.

1   En un tazón pequeño incorpora la harina, una cucharada de sal y la pimienta. Frota la mezcla de harina sobre la carne asegurándote de que quede cubierta por completo.

2   Calienta el aceite en un sartén grande. Dora la carne por todos lados (incluidos los bordes). Coloca la carne en la olla de cocción lenta. Agrega la cebolla, el apio, la zanahoria, el ajo, los jitomates, el vino, la hoja de laurel y la ½ cucharada restante de sal. Déjala cocer a fuego bajo durante 8 horas.

3   Retira y desecha la hoja de laurel. Añade el perejil y la salvia. Sirve el guiso con tu guarnición favorita y espolvorea un poco de perejil recién picado encima.

VEGETARIANA

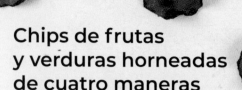

Chips de frutas y verduras horneadas de cuatro maneras

CADA RECETA RINDE 1 O 2 PORCIONES

Estas botanas crujientes, saludables y coloridas que no se fríen son las nuevas chips, igualitas a sus padres botaneros.

CHIPS DE MANZANA

2 **manzanas**

Spray de cocina antiadherente o **aceite**

1 cucharadita de **canela**

1 Precalienta el horno a 180 °C. Cubre una bandeja para hornear con papel encerado.

2 Corta las manzanas en rodajas de 3 a 6 milímetros. Acomódalas en la bandeja para hornear. Rocía las rodajas con spray antiadherente o barnízalas con el aceite. Luego espolvorea la canela. Hornea por 15 minutos. Voltea las rodajas y hornea durante 15 minutos más, hasta que las chips estén ligeramente doradas. Deja enfriar a temperatura ambiente.

CHIPS DE KALE (COL RIZADA)

1 manojo de **kale** (col rizada)

2 cucharadas de **aceite de oliva**

¼ de cucharadita de **sal**

¼ de cucharadita de **pimienta**

¼ de cucharadita de **paprika**

1 Precalienta el horno a 180 °C. Cubre una bandeja para hornear con papel encerado.

2 Retira las hojas de kale de los tallos gruesos con un cuchillo afilado, luego córtalas en trozos pequeños. En un tazón mediano cubre el kale con el aceite de oliva. Mezcla los condimentos e incorpóralos al kale. Mezcla hasta que todas las hojas estén completamente cubiertas.

3 Acomoda las hojas de kale condimentado en la bandeja para hornear. Asegúrate de que no se superpongan. Hornea durante 10 o 15 minutos, hasta que los bordes estén dorados, pero no quemados. Deja enfriar a temperatura ambiente.

< CHIPS DE CAMOTE

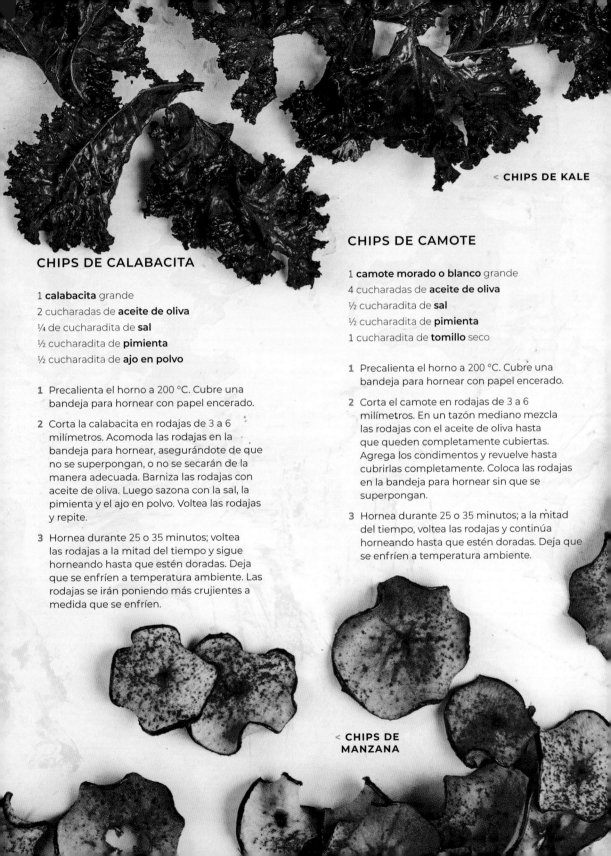

< CHIPS DE KALE

CHIPS DE CALABACITA

1 **calabacita** grande
2 cucharadas de **aceite de oliva**
¼ de cucharadita de **sal**
½ cucharadita de **pimienta**
½ cucharadita de **ajo en polvo**

1 Precalienta el horno a 200 °C. Cubre una bandeja para hornear con papel encerado.

2 Corta la calabacita en rodajas de 3 a 6 milímetros. Acomoda las rodajas en la bandeja para hornear, asegurándote de que no se superpongan, o no se secarán de la manera adecuada. Barniza las rodajas con aceite de oliva. Luego sazona con la sal, la pimienta y el ajo en polvo. Voltea las rodajas y repite.

3 Hornea durante 25 o 35 minutos; voltea las rodajas a la mitad del tiempo y sigue horneando hasta que estén doradas. Deja que se enfríen a temperatura ambiente. Las rodajas se irán poniendo más crujientes a medida que se enfríen.

CHIPS DE CAMOTE

1 **camote morado o blanco** grande
4 cucharadas de **aceite de oliva**
½ cucharadita de **sal**
½ cucharadita de **pimienta**
1 cucharadita de **tomillo** seco

1 Precalienta el horno a 200 °C. Cubre una bandeja para hornear con papel encerado.

2 Corta el camote en rodajas de 3 a 6 milímetros. En un tazón mediano mezcla las rodajas con el aceite de oliva hasta que queden completamente cubiertas. Agrega los condimentos y revuelve hasta cubrirlas completamente. Coloca las rodajas en la bandeja para hornear sin que se superpongan.

3 Hornea durante 25 o 35 minutos; a la mitad del tiempo, voltea las rodajas y continúa horneando hasta que estén doradas. Deja que se enfríen a temperatura ambiente.

< CHIPS DE
MANZANA

Tazón vegetariano de granos de dos maneras

Optar por una comida íntegramente vegetariana podría ir a contracorriente, pero entre las verduras coloridas y crujientes, y los deliciosos aderezos, no extrañarás la carne.

TAZÓN DE QUINOA ASADA CON VEGETALES Y ADEREZO DE SOYA Y MAPLE

PARA 2 PORCIONES

2 **zanahorias** rebanadas

1 cabeza de ramiletes de **brócoli**

1 **pimiento rojo** picado en trozos grandes

½ cabeza de **col morada** rebanada

Aceite de oliva al gusto

Sal y pimienta al gusto

Ajo en polvo al gusto

Cebolla en polvo al gusto

2 tazas de **quinoa** cocida

ADEREZO DE SOYA Y MAPLE

¼ de taza de **salsa de soya**

2 cucharadas de **jarabe de maple puro**

1 cucharadita de **jengibre** fresco picado

1 cucharadita de **ajo** fresco picado

Pimienta negra al gusto

1 Precalienta el horno a 220 °C. Cubre una bandeja para hornear con papel encerado.

2 En la bandeja para hornear sazona las verduras con el aceite de oliva, la sal, la pimienta, el ajo en polvo y la cebolla en polvo. Hornea durante 15 o 20 minutos, o hasta que las verduras estén asadas a tu gusto.

3 Llena 2 tazones de vidrio con una taza de quinoa cocida en cada uno. Luego rellena con las verduras asadas.

4 Mezcla los ingredientes del aderezo de soya y maple, y divide el aderezo entre 2 recipientes pequeños de vidrio. Almacénalos en el refrigerador junto con los tazones de verduras asadas y quinoa hasta por 4 días.

5 Para servir, saca los recipientes con el aderezo del refrigerador y caliéntalos en el microondas durante un minuto. Vierte cada lote de aderezo encima de cada tazón de granos y mezcla todo.

TAZÓN DE ARROZ INTEGRAL Y GARBANZOS CON VEGETALES Y ADEREZO DE CILANTRO Y LIMÓN

1 **camote** pelado y picado en trozos pequeños

¼ de kilogramo de **coles de Bruselas** cortadas a la mitad

1 **pimiento amarillo** picado en trozos grandes

½ **cebolla morada** picada en trozos grandes

1 lata (420 gramos) de **garbanzos** escurridos y enjuagados

Aceite de oliva al gusto

Sal y pimienta al gusto

Paprika al gusto

2 tazas de **arroz integral** cocido

ADEREZO DE CILANTRO Y LIMÓN

¼ de taza de **yogurt griego natural**

2 cucharadas de **jugo de limón**

1 cucharada de **cilantro** fresco picado

Sal y pimienta al gusto

1. Precalienta el horno a 220 °C. Cubre una bandeja para hornear con papel encerado.

2. En la bandeja para hornear sazona las verduras y los garbanzos con el aceite de oliva, la sal, la pimienta y la paprika. Hornea durante 15 o 20 minutos, o hasta que las verduras estén asadas a tu gusto.

3. Llena 2 tazones de vidrio con una taza de arroz integral cocido en cada uno. Luego rellena con los garbanzos y las verduras asados.

4. Mezcla los ingredientes del aderezo de cilantro y limón, y divide el aderezo entre 2 recipientes pequeños de vidrio. Almacénalos en el refrigerador junto con los tazones de verduras y garbanzos asados hasta por 4 días.

5. Para servir, saca los recipientes con el aderezo del refrigerador y caliéntalos en el microondas durante un minuto. Vierte cada lote de aderezo encima de cada tazón de granos y mezcla todo.

**TAZÓN DE QUINOA
ASADA CON
VEGETALES Y
ADEREZO DE SOYA
Y MAPLE**

Albóndigas de «carne» de calabacitas

PARA 4 A 6 PORCIONES

4 **calabacitas**

1 cucharada de **sal**

1 **huevo** grande

1 taza de **queso ricotta**

1 taza de **pan molido**

1 cucharada de **condimento italiano**

3 cucharadas de **albahaca** fresca picada

3 cucharadas de **perejil** fresco picado

1 cucharadita de **pimienta negra**

2 cucharadas de **aceite de oliva**

1 **cebolla** mediana cortada en cubos

2 **dientes de ajo** picados

PARA SERVIR

Pasta cocida

Salsa marinara

No echarás de menos la carne con estas suculentas bolas de «carne» llenas de hierbas y sabor: las calabacitas son un sustituto digno que puede reclutar a algunos de ustedes para el Equipo Vegetariano. Asegúrate de no omitir un paso muy importante: exprimir el exceso de líquido de las calabacitas después de salarlas; de esa manera conseguirás que la consistencia de las albóndigas sea agradable y firme, no blanda y empapada.

1 Corta la parte inferior de cada calabacita y usa un rallador de queso o un rallador de caja. Coloca las calabacitas ralladas en un tazón grande para mezclar. Espolvorea sal por encima, revuelve y deja reposar en un colador dentro del fregadero durante 20 minutos para extraer el exceso de humedad.

2 Precalienta el horno a 190 °C.

3 Con un paño de cocina exprime el exceso de líquido de las calabacitas ralladas. Pasa las calabacitas a un tazón seco y agrega los ingredientes restantes. Revuelve hasta que todo se combine de manera uniforme, y con la mezcla forma bolas del tamaño de una pelota de golf.

4 Hornea las bolas de calabacitas durante 30 o 40 minutos o hasta que estén doradas; voltéalas a la mitad del tiempo. Sirve sobre la pasta con salsa marinara.

Falafel

PARA 4 A 6 PORCIONES

2 latas (420 gramos) de **garbanzos** escurridos y enjuagados

1 **cebolla morada** picada

¼ de taza de **perejil** fresco

4 **dientes de ajo** pelados

1 cucharada de **jugo de limón** fresco

2 cucharaditas de **comino**

1 cucharadita de **sal**

1 cucharadita de **pimienta negra**

½ cucharadita de **hojuelas de chile rojo**

1 taza de **pan molido**

Aceite para freír

OPCIONES PARA SERVIR

Pan pita

Jitomates rebanados

Pepino cortado en cubos

Salsa tahini

Fuera de una milanesa, sería difícil encontrar un sándwich más crujiente. Sí, ese sabor que percibes es comino, ¿a poco no es rico? El pan molido desempeña un papel crucial aquí, pues asegura ese crujido esencial para un irresistible falafel. Puedes colocarlo en una pita con ensalada fresca, u omitir la pita y quedarte con el jitomate y el pepino para un almuerzo bajo en carbohidratos.

1   En el tazón de un procesador de alimentos con capacidad para 2 litros coloca los garbanzos, la cebolla, el perejil, el ajo, el jugo de limón y las especias. Mezcla los ingredientes hasta que se incorporen y formen una pasta húmeda. Ten cuidado de no mezclar demasiado.

2   Pasa la mezcla de garbanzos a un tazón grande y agrega el pan molido. Mezcla hasta que se incorpore. Cubre con papel plástico y refrigera durante 1 o 2 horas, o (todavía mejor) durante toda la noche.

3   Retira la mezcla fría de falafel del refrigerador y forma bolas de 2½ centímetros. La mezcla debe rendir de 18 a 20 bolas de falafel.

4   En un sartén grande con paredes altas calienta aproximadamente 2½ centímetros de aceite a 180 °C. Fríe las bolas de falafel en tandas de 6 durante 3 minutos; voltéalas a la mitad del tiempo. Una vez que estén doradas y crujientes, pásalas a un plato con toallas de papel y espolvorea con sal.

5   Sirve el falafel como lo desees, ya sea como sándwich, un extra para tu ensalada o sobre una cama de verduras con una guarnición de salsa tahini.

Sopa de brócoli y queso cheddar

2 cabezas de **broccoli**

¼ de taza de **mantequilla**

½ **cebolla** cortada en cubos

¼ de taza de **harina común**

2 tazas de crema **half and half**

2 tazas de **caldo de verduras**

½ taza de **zanahorias** ralladas

2 cucharaditas de **sal**

1 cucharadita de **pimienta negra**

¼ de cucharadita de **nuez moscada**

2 tazas de **queso cheddar** rallado

¿Quién no ama al campeón de las sopas? Esta versión es un poco diferente: tiene zanahorias ralladas para un toque dulce. Podrías sustituir la crema half and half por leche entera si quieres una sopa un poco más ligera, y si te sientes presionado por el tiempo, no dudes en usar una bolsa de ½ kilogramo de ramilletes de brócoli congelados, previamente descongelados; solo asegúrate de secarlos una vez que estén a temperatura ambiente.

1   Recorta los tallos de las cabezas de brócoli y córtalos en pequeños ramilletes. Deja aparte.

2   En una olla grande a fuego medio mezcla la mantequilla y la cebolla, y sofríe hasta que la cebolla se haya cristalizado. Agrega la harina y revuelve hasta que la mezcla se dore ligeramente. Incorpora la crema half and half y mezcla hasta que el contenido alcance un hervor lento. Baja el fuego e incorpora el caldo. Cocina a fuego lento durante 5 o 10 minutos.

3   Agrega el brócoli, las zanahorias, la sal, la pimienta y la nuez moscada. Cocina a fuego lento durante 10 o 15 minutos. Añade el queso y revuelve hasta que se derrita y se combine con los otros ingredientes.

Mac n' cheese vegano

2 **papas amarillas** peladas y partidas en cubos

1 **zanahoria** mediana pelada y cortada en trozos de 2½ centímetros

1 **cebolla** mediana cortada en cuartos

½ taza de **nueces de la India**

1 cucharadita de **sal** y un poco adicional para el agua

1 cucharadita de **ajo en polvo**

1 cucharadita de **cebolla en polvo**

2 cucharadas de **levadura de cerveza**

½ kilogramo de **macarrones** cocidos

Paprika al gusto

Si alguna vez has sentido cierto escepticismo con respecto a la técnica completa de la nuez de la India como queso, esta receta te convencerá de una vez por todas. Las verduras, cocidas a fuego lento hasta que estén blandas, se mezclan en la licuadora junto con las nueces para formar una salsa tan satisfactoria como una preparada con queso cheddar y crema. Una generosa porción de sal es esencial aquí, ¡no escatimes!

1   Coloca las verduras en una olla grande u horno holandés con agua hirviendo y sal. Tapa y deja que las verduras se cocinen durante 10 minutos, hasta que las papas estén tiernas. Retira las verduras hervidas y guarda 2 tazas del agua en que se cocieron.

2   Pasa las verduras, nueces de la India y condimentos a una licuadora con la mitad del agua que reservaste de la cocción. Licúa todo y ve agregando unas cucharadas de agua a la vez hasta que logres la consistencia deseada. Vierte el puré de vegetales sobre los macarrones y revuelve para incorporar. Espolvorea con paprika y sirve de inmediato.

Coliflor búfalo al horno

¾ de taza de **harina común**

1 cucharadita de **paprika**

2 cucharaditas de **ajo en polvo**

1 cucharadita de **sal**

½ cucharadita de **pimienta negra**

¾ de taza de **leche** o **leche vegetal** de tu elección

1 cabeza de **coliflor**

¼ de taza de **salsa búfalo** o **salsa picante**

2 cucharadas de **aceite de coco** o **aceite vegetal**

1 cucharada de **miel**

Al horno, en lugar de fritas, estas pequeñas bombas de búfalo son sorprendentemente saludables. Pero no te preocupes, no sacrifican ni un gramo de sus raíces de comida chatarra.

1. Precalienta el horno a 230 °C. Cubre una bandeja para hornear con papel encerado.

2. En un tazón grande coloca la harina, la paprika, el ajo en polvo, la sal, la pimienta y la leche, y revuelve hasta que estén bien combinados.

3. Parte la cabeza de coliflor en ramilletes de aproximadamente 4 centímetros de ancho. Agrega los ramilletes de coliflor a la masa, asegurándote de que cada pieza quede cubierta de manera uniforme. Acomoda la coliflor recubierta en la bandeja para hornear. Hornea por 20 minutos; voltea los ramilletes a la mitad del tiempo.

4. Mientras tanto, en un tazón pequeño vierte la salsa búfalo, el aceite y la miel, y revuelve hasta que se combinen de manera uniforme. Barniza la coliflor con la mezcla de salsa búfalo y hornea por 20 minutos adicionales.

Ratatouille al horno

PARA 8 PORCIONES

VERDURAS

2 **berenjenas**

6 **jitomates saladet**

2 **calabazas amarillas**

2 **calabacitas**

SALSA

2 cucharadas de **aceite de oliva**

1 **cebolla** cortada en cubos

4 **dientes de ajo** picados

1 **pimiento rojo** cortado en cubos

1 **pimiento amarillo** cortado en cubos

Sal y pimienta al gusto

1 lata (800 gramos) de **jitomates triturados**

2 cucharadas de **albahaca** fresca picada (de 8 a 10 hojas)

CONDIMENTO DE HIERBAS

2 cucharadas de **albahaca** fresca picada (de 8 a 10 hojas)

1 cucharadita de **ajo** picado

2 cucharadas de **perejil** fresco picado

2 cucharaditas de **tomillo** fresco

Sal y pimienta al gusto

4 cucharadas de **aceite de oliva**

La mayoría de las guarniciones de verduras no tiene toda una película con su nombre, pero esta sí. Tal vez el hecho de que sea francesa haga que se sienta más exótica, pero se utilizan ingredientes que puedes encontrar en cualquier tienda. Esta receta tiene una ventaja adicional: en lugar de esclavizarte con un sartén, tan solo colocas capas, cubres y horneas. Tal vez ya llegó la hora de una secuela.

1   Precalienta el horno a 190 °C.

2   Corta las berenjenas, los jitomates, la calabaza y las calabacitas en rebanadas de aproximadamente 2 milímetros, y deja aparte.

3   Calienta 2 cucharadas de aceite de oliva en un sartén apto para horno de 30 centímetros. Sofríe las cebollas, el ajo y los pimientos hasta que queden suaves. Sazona con sal y pimienta, luego agrega los jitomates triturados. Revuelve hasta que los ingredientes estén completamente incorporados. Apaga el fuego y agrega las hojas de albahaca. Revuelve una vez más y alisa la superficie de la salsa con una espátula.

4   Acomoda las verduras rebanadas en patrones alternos (por ejemplo, berenjenas, jitomates, calabaza, calabacitas) sobre la salsa, desde el borde exterior hasta el centro del sartén. Condimenta con sal y pimienta. Cubre el sartén con papel aluminio y hornea por 40 minutos. Destapa y hornea por 20 minutos adicionales. Las verduras deben estar suaves.

5   Mezcla los ingredientes del condimento de hierbas y vierte sobre la ratatouille cocida.

6   Sirve caliente como plato principal o como acompañamiento. La ratatouille también es excelente al día siguiente: cubre con papel aluminio y vuelve a calentar en el horno a 180 °C durante 15 minutos o tan solo calienta en el microondas a la temperatura deseada.

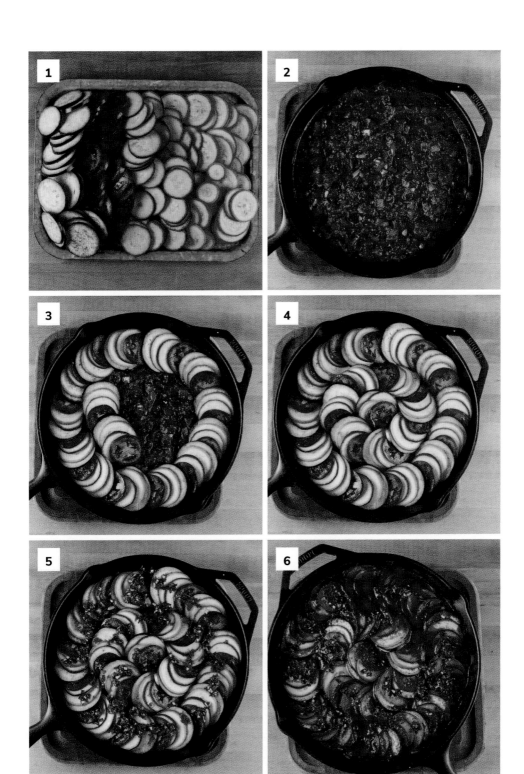

Ensalada de pasta con cacahuate

PARA 8 PORCIONES

½ taza de **crema de cacahuate** cremosa

¼ de taza de **salsa de soya**

¼ de taza de **vinagre de arroz**

1 cucharada de **aceite de ajonjolí**

2 cucharadas de **salsa Sriracha**

1 cucharada de **jengibre** picado

3 **dientes de ajo** picados

2 cucharadas de **azúcar morena**

Sal

1 caja de **linguine de grano entero** o cualquier otra pasta

2 **zanahorias** grandes cortadas en juliana

2 **pepinos** cortados en tiras finas con un pelador de verduras

1 **pimiento rojo** cortado en tiras finas

1 **pimiento amarillo** cortado en tiras finas

3 **cebollas verdes** partidas en rebanadas

¼ de taza de **cilantro** fresco picado

¼ de taza de **cacahuate** picado

La crema de cacahuate sale del frasco y se dirige directamente a este pilar de la comida china para llevar. La ventaja de prepararla en casa es que la tuya no será viscosa ni pegajosa, como podría ser la que te llevan a casa. La salsa es dulce, picante, salada y sublime, lo que les da a los escurridizos tallarines y a las verduras crujientes un impulso de sabor inolvidable.

1   En un tazón mediano mezcla la crema de cacahuate, la salsa de soya, el vinagre de arroz, el aceite de ajonjolí, la salsa Sriracha, el jengibre, el ajo, el azúcar morena y ¼ de taza de agua.

2   En una olla grande hierve agua con sal. Cuece la pasta según las instrucciones de la caja. Escurre y deja correr agua fría para enfriarla.

3   Combina la pasta con las verduras rebanadas. Vierte el aderezo sobre la pasta y las verduras, y mezcla bien. Cubre y enfría al menos 1 hora o toda la noche. Para servir, decora con cilantro picado y cacahuate.

LO MEJOR DE TODOS LOS TIEMPOS

Los postres de tres ingredientes más fáciles de todos los tiempos de cuatro maneras

Si puedes contar hasta tres, puedes hacer cualquiera de estos postres estelares. Contamos contigo, dulzura.

DIP FÁCIL DE GALLETAS CON MALVAVISCO Y CREMA DE CACAHUATE

PARA 4 PORCIONES

½ kilogramo de **chocolates mini con crema de cacahuate**

½ kilogramo de **malvaviscos** grandes

15 **galletas graham** (o Marías)

1 Precalienta el horno a 180 °C.

2 Coloca los chocolates mini con crema de cacahuate en una capa uniforme en el fondo de un sartén grande o uno de hierro apto para horno. Coloca los malvaviscos en una sola capa encima. Hornea por 20 minutos, hasta que los malvaviscos se hayan dorado. Sirve con galletas graham para el dip.

BROWNIES DE CAJA FÁCILES EN TRIPLE CAPA

PARA 4 PORCIONES

1 tubo (450 gramos) de **masa para galletas**

16 **galletas sándwich de chocolate**

½ **caja de masa para brownies**, preparada según las instrucciones del paquete

1 Precalienta el horno a 180 °C.

2 Presiona la masa para galletas en una capa uniforme al fondo de un molde cuadrado para hornear de 23 × 23 centímetros. Coloca las galletas en una capa uniforme encima de la masa para galletas. Vierte la masa para brownies encima y extiéndela de manera uniforme sobre las galletas. Hornea durante 45 o 50 minutos, hasta que un palillo insertado en el interior salga limpio. Deja enfriar, rebana y sirve.

OREJITAS FÁCILES

240 gramos de **pasta de hojaldre**

4 cucharadas de **mantequilla** derretida

1 taza de **azúcar**

1   Desenrolla la pasta de hojaldre. Con tus manos o un rodillo aplana las uniones si las tiene, hasta formar un rectángulo regular. Barniza el hojaldre con la mantequilla derretida de manera uniforme. Espolvorea la mitad del azúcar sobre la masa, luego extiéndela de manera uniforme. Con un rodillo extiende la masa hasta obtener un rectángulo alto, presionando el azúcar en la masa. Voltea la masa. Repite el proceso barnizando con mantequilla y enrollando la masa sobre el resto del azúcar.

2   Rueda firmemente el borde superior de la masa hacia el centro. Detente al llegar al centro y enrolla el borde inferior de la masa para encontrarte otra vez en el centro. Los rollos de ambos lados deben ser del mismo tamaño. Envuelve en papel plástico y deja enfriar alrededor de 30 minutos.

3   Precalienta el horno a 220 °C.

4   Retira la envoltura de plástico y empuja uno de los rollos directamente encima del otro. Recorta los extremos desiguales de la masa. Luego corta rodajas de orejitas de 1 centímetro. Deben verse como corazones aplastados. Coloca las rebanadas en una bandeja para hornear forrada con papel encerado a una distancia de aproximadamente 5 centímetros para permitir que se expandan. Hornea por 15 minutos. Voltéalas a la mitad del tiempo y continúa horneando hasta que el azúcar se caramelice y las orejitas estén doradas.

TRUFAS FÁCILES DE COOKIES AND CREAM

36 **galletas sándwich de chocolate**

230 gramos de **queso crema** suavizado

340 gramos de **chocolate blanco** derretido

1   En un procesador de alimentos tritura finamente las galletas. Reserva aproximadamente 2 cucharadas de la mezcla para espolvorear sobre las trufas. En un tazón grande combina las migajas de galleta y el queso crema, revolviendo hasta que se mezclen de manera uniforme. Enfría la mezcla alrededor de 1 hora, o hasta que pueda enrollarse en una bola y mantener su forma.

2   Divide la masa y forma bolas del tamaño de una pelota de golf. Sumerge una trufa en el chocolate blanco derretido y colócala en una bandeja para hornear forrada con papel encerado. Espolvorea algunas de las migajas de galletas sobre la trufa antes de que el chocolate se endurezca. Repite el proceso con el resto de las trufas. Puedes recalentar el chocolate si es necesario.

DIP FÁCIL DE
GALLETAS CON
MALVAVISCO
Y CREMA DE
CACAHUATE

TRUFAS FÁCILES
DE COOKIES AND
CREAM

BROWNIES DE CAJA FÁCILES EN TRIPLE CAPA

OREJITAS FÁCILES

Las galletas de azúcar más suaves de todos los tiempos

GALLETAS

3½ tazas de **harina común**

1½ cucharaditas de **bicarbonato de sodio**

¼ de cucharadita de **sal**

1 taza de **mantequilla** sin sal suavizada

¾ de taza de **azúcar granulada**

½ taza de **crema agria**

1 **huevo**

1 cucharadita de **extracto de vainilla**

GLASEADO

½ taza de **mantequilla sin sal** suavizada

2 tazas de **azúcar glass**

2 cucharadas de **leche**

¿Por qué cortar y hornear cuando se puede preparar y hornear? El glaseado, fácil y brillante, es la cereza del pastel (o, en este caso, de la galleta).

1. Precalienta el horno a 150 °C. Cubre una bandeja para hornear con papel encerado.

2. En un tazón mediano coloca la harina, el bicarbonato de sodio y la sal. Revuelve bien para que todo quede incorporado. Deja de lado.

3. En un tazón grande revuelve la mantequilla y el azúcar con una batidora de mano aproximadamente por 5 minutos, hasta que la mezcla esté suave y esponjosa. Agrega el huevo y bate hasta que se haya incorporado por completo. Después la crema agria y la vainilla, y bate hasta que la mezcla esté cremosa. Añade los ingredientes secos combinados, un tercio a la vez, hasta que se hayan integrado por completo.

4. Enharina ligeramente tu superficie de trabajo y saca la masa. Presiónala para darle forma de disco y envuélvela en plástico. Enfría por 1 hora en el refrigerador.

5. Retira la envoltura de plástico de la masa y enharina ligeramente tu superficie. Estira la masa hasta tener aproximadamente 1 centímetro de espesor. Corta círculos con un vaso o cortador de galletas.

6. Acomoda las galletas en la bandeja para hornear preparada, dejando aproximadamente 3 centímetros entre ellas. Hornea durante 8 minutos, hasta que el fondo de la galleta esté dorado, pero la parte superior se vea pálida. Retira la bandeja del horno y deja enfriar las galletas sobre una rejilla.

7. Prepara el glaseado: en un tazón bate la mantequilla con una batidora de mano hasta que quede esponjosa. Tamiza el azúcar glass y bate hasta incorporar. Agrega la leche y continúa batiendo hasta que la mezcla esté suave y aterciopelada. Embetuna las galletas enfriadas y decora como desees.

Los brownies más cremosos de todos los tiempos

PARA 9 BROWNIES

230 gramos de **chocolate para repostería de buena calidad**

¾ de taza de **mantequilla** derretida

1¼ tazas de **azúcar**

2 **huevos**

2 cucharaditas de **extracto de vainilla**

¾ de taza de **harina común**

¼ de taza de **cacao en polvo**

1 cucharadita de **sal**

Decir que algo es mejor que cualquier otra cosa que haya existido es decir demasiado, pero estos brownies en verdad son el epítome de las bondades de un postre. Su superioridad depende de dos movimientos inteligentes: escatimar en la harina y exagerar obsesivamente en el chocolate. Y ahora que estamos en el tema del chocolate, obtendrás mejores resultados si utilizas el mejor chocolate semiamargo o amargo que puedas encontrar. Vale la pena.

1   Precalienta el horno a 180 °C. Forra con papel encerado un molde cuadrado para hornear de 20 centímetros.

2   Pica el chocolate en trozos. Derrite la mitad del chocolate en un microondas en intervalos de 20 segundos. Reserva la otra mitad para después.

3   En un tazón grande mezcla la mantequilla y el azúcar con un batidor de mano. Añade los huevos y la vainilla, y bate de 1 a 2 minutos hasta que la mezcla se vuelva esponjosa y de color claro. Añade el chocolate derretido (asegúrate de que no esté demasiado caliente o, de lo contrario, los huevos se cocerán) y mezcla. Tamiza la harina, el cacao en polvo y la sal, e intégralos a la masa en un movimiento envolvente. Ten cuidado de no mezclar demasiado, ya que esto provocará que los brownies tengan una textura más parecida a un pastel. Añade los trozos de chocolate que tenías reservados e intégralos. Vierte la masa al molde para hornear preparado.

4   Hornea durante 20 o 25 minutos, según qué tan cremosos te gusten los brownies. Deja que se enfríen por completo. ¡Rebana y sirve con un buen vaso de leche fría!

El pan de ajo con más queso de todos los tiempos

PARA 4 PORCIONES

⅓ de barra de **mantequilla** suavizada

⅓ de taza de **perejil** fresco finamente picado

⅓ de taza de **cebolla cambray (solo el tallo)** en rodajas

⅓ de taza de **orégano** fresco picado

5 **dientes de ajo** picados

½ taza de **queso cheddar** rallado

½ taza de **queso mozzarella** fresco en trozos

½ taza de **queso parmesano** rallado

1 **baguette** de 20 centímetros

En la categoría de alimentos irresistibles, este se eleva hasta la cima. Tres tipos (cuéntalos) de quesos estelares en una crema con sabor a mantequilla y hierbas cubren una barra de pan partida como una lapa. Horneado hasta que esté burbujeante, es sin duda la versión más llena de queso y exquisita de pan de ajo que jamás hayas probado.

1 Precalienta el horno a 200 °C. Cubre una bandeja para hornear con papel encerado.

2 En un tazón combina la mantequilla, las hierbas, el ajo y los quesos, y bate hasta que obtengas una mezcla suave.

3 Corta la baguette por la mitad a lo largo. Extiende la mezcla de mantequilla a tu gusto de manera uniforme en ambos lados de la baguette. (Cualquier resto de mezcla se puede congelar hasta por un mes). Coloca la baguette en la bandeja preparada y hornea durante 15 minutos, hasta que el queso esté burbujeante y comience a dorarse en los bordes. ¡Rebana, enfría y sirve!

Las galletas de chispas de chocolate más suaves de todos los tiempos

½ taza de **azúcar granulada**

¾ de taza de **azúcar morena**

1 cucharadita de **sal**

½ taza de **mantequilla** derretida

1 **huevo**

1 cucharadita de **extracto de vainilla**

1¼ tazas de **harina común**

½ cucharadita de **bicarbonato de sodio**

115 gramos de **chocolate con leche** o **chocolate semiamargo** en trozos

115 gramos de **chocolate negro** en trozos

¿Eres crujiente o suave? Seas como seas, te enamorarás de estas deliciosas galletas chocolatosas desde el primer bocado. La mantequilla derretida es un secreto para su textura delicada y su forma un poco más plana. Usar una generosa cantidad de azúcar morena, tener cuidado de no batir demasiado la masa y de cocer las galletas ligeramente son los secretos que funcionan a favor de estas galletas.

1   En un tazón grande bate los azúcares, la sal y la mantequilla hasta que se forme una pasta sin grumos. Añade el huevo y la vainilla, y mezcla hasta que del batidor se desprendan cintas ligeras que permanezcan suspendidas por un momento antes de volver a caer en la masa. Tamiza la harina y el bicarbonato de sodio. Integra los ingredientes secos en un movimiento envolvente con una espátula. (Ten cuidado de no batir demasiado porque eso ocasiona que el gluten en la harina se endurezca, lo que resultaría en galletas más pastosas). Agrega los trozos de chocolate y bate en un movimiento envolvente con el fin de que se distribuyan de manera uniforme. Enfría la masa al menos 30 minutos. Para un sabor a caramelo más intenso y un color más profundo, enfría la masa toda la noche. Cuanto más tiempo dejes reposar la masa, más complejo será su sabor.

2   Precalienta el horno a 180 °C. Cubre una bandeja para hornear con papel encerado.

3   Toma una porción de la masa con una cuchara para helado y colócala en la bandeja para hornear preparada, dejando al menos 10 centímetros de espacio entre las galletas, y 5 centímetros de espacio desde los bordes de la bandeja para que las galletas se extiendan de manera uniforme.

4   Hornea durante 12 o 15 minutos, o en cuanto los bordes comiencen a dorarse. ¡Deja que se enfríen por completo y disfrútalas!

Las alitas búfalo más crujientes de todos los tiempos

PARA 4 PORCIONES

¾ de taza de **maicena**

1 kilogramo de **alitas de pollo** lavadas y escurridas

¼ de taza de **harina común**

1 cucharadita de **paprika**

1 cucharadita de **ajo en polvo**

1 cucharadita de **cayena**

2 cucharaditas de **polvo para hornear**

2 cucharaditas de **sal**

1 cucharadita de **pimienta negra**

Aceite de cacahuate o **vegetal** para freír

½ taza de **salsa búfalo**

Aderezo ranch o de **queso azul** para servir

Tallos de apio para servir

¿Quién hubiera sabido que la antigua y simple maicena hacía las cosas fritas más crocantes y crujientes? Ahora tú lo sabes. De nada.

1 En un tazón revuelve las alitas de pollo con ¼ de taza de maicena hasta que queden completamente cubiertas. Acomoda las alitas sobre una rejilla de alambre y permite que reposen y se sequen durante 20 minutos. Si tienes espacio, ¡lo ideal es que estén en el refrigerador!

2 En un tazón mezcla la ½ taza restante de maicena, la harina, la paprika, el ajo en polvo, la cayena, el polvo para hornear, la sal y la pimienta. De manera gradual, ve añadiendo ⅔ de taza de agua a los ingredientes secos mientras bates; desbarata los grumos y mezcla hasta que obtengas una masa suave y ligeramente líquida.

3 Calienta el aceite en una olla a 180 °C.

4 Cubre las alitas de pollo en la masa; sacude cualquier exceso. Agrega las alas a la olla para freír en tandas y cocínalas durante 8 o 10 minutos, hasta que estén doradas. Una vez cocidas, deja las alitas en una rejilla de alambre colocada encima de un sartén forrado con toallas de papel.

5 Pasa el pollo a un tazón limpio y rocía con la salsa búfalo, revolviendo para cubrirlo por completo. Llévalo a un plato para servir. Sirve con aderezo ranch o de queso azul y tallos de apio.

El pollo frito glaseado con miel más jugoso de todos los tiempos

PARA 8 PORCIONES

2 cucharadas de **sal**

3 cucharadas de **pimienta negra**

2 cucharadas de **cebolla en polvo**

2 cucharadas de **ajo en polvo**

3 cucharadas de **paprika**

2 cucharadas de **comino** molido

2 cucharadas de **orégano** seco

2 cucharaditas de **cayena**

3 tazas de **harina común**

4 **muslos de pollo** con hueso y piel

4 **piernas de pollo** con hueso y piel

3 tazas de **suero de mantequilla** (o leche cuajada)

Aceite de cacahuate o **vegetal** para freír

Miel para servir

Apóyate en tu alacena, llena de las especias secas básicas, para sazonar este pollo. Remojar el pollo en suero de mantequilla es uno de los trucos más antiguos en los libros de cocina, y por una buena razón: ablanda la carne y funciona como el pegamento perfecto para un baño de harina, lo que da como resultado el mejor pollo con miel de todos los tiempos.

1 En un tazón mediano coloca la sal, la pimienta, la cebolla en polvo, el ajo en polvo, la paprika, el comino, el orégano y la cayena, y mezcla hasta que se incorporen. En otro tazón combina la mitad de la mezcla de especias con la harina. Revuelve hasta que las especias se distribuyan de manera uniforme con la harina.

2 Agrega el pollo a un tazón y espolvorea la mezcla de especias restante sobre él. Mezcla hasta que todas las piezas de pollo queden cubiertas de manera uniforme. Vierte el suero de mantequilla sobre el pollo y revuelve hasta que las especias del pollo se hayan mezclado con él para crear un color naranja claro. Cubre y deja marinar el pollo en el refrigerador durante 2 horas o toda la noche.

3 Calienta el aceite a aproximadamente 160 °C en un sartén grande de hierro fundido.

4 Pasa cada pieza de pollo por la harina para cubrirla por completo; sacude cualquier exceso. Vuelve a sumergirlas en la mezcla de suero de mantequilla y una vez más cúbrelas de harina. Asegúrate de sacudir el exceso de harina o esta se quemará mientras fríes.

5 Fríe 3 o 4 trozos de pollo a la vez. Voltea las piezas ocasionalmente. Cocina durante 10 o 12 minutos, hasta que estén doradas, crujientes y la temperatura interna alcance 75 °C. Deja reposar las piezas de pollo cocido sobre una rejilla de alambre para que se drene el exceso de aceite.

6 Rocía el pollo con miel y sirve enseguida.

El helado más cremoso de todos los tiempos de dos maneras

La crema para batir y el chocolate semiamargo son los denominadores comunes en este par de variaciones fáciles y relajadas del postre favorito de Estados Unidos. Una utiliza las yemas de huevo para obtener un resultado más rico y denso, pero ambas recetas te llevan a un helado que está a la par de cualquier heladería profesional.

HELADO DE CHOCOLATE DE TRES INGREDIENTES

PARA 6 PORCIONES

285 gramos de **chocolate semiamargo** derretido

1 lata (400 gramos) de **leche condensada endulzada**

½ litro de **crema para batir espesa**

1 Coloca un tazón grande de vidrio o acero inoxidable en el congelador al menos 15 minutos.

2 En un tazón pequeño apto para el horno de microondas combina el chocolate y la leche condensada endulzada. Cocina en el microondas durante lapsos de 30 segundos a la vez; revuelve la mezcla después de cada lapso, hasta que el chocolate se haya derretido. Deja que la mezcla se enfríe un poco.

3 Retira el tazón del congelador y agrega la crema para batir espesa. Bate la crema con una batidora eléctrica hasta que comience a formar picos firmes. Añade una cucharada grande de crema batida en la mezcla de chocolate e intégrala en movimientos envolventes para diluirla. Enseguida integra la mezcla de chocolate en la mezcla de crema batida con movimientos envolventes hasta que se combinen por completo. Ten cuidado de no batir demasiado, porque eso ocasionará que se baje la crema batida.

4 Vierte en un molde para hornear de 23 × 23 centímetros. Cubre y congela hasta que esté firme, aproximadamente por 4 horas.

HELADO DE AUTÉNTICO CHOCOLATE

PARA 10 PORCIONES

2 tazas de **crema para batir espesa**

1½ tazas de **leche entera**

¾ de taza de **azúcar**

¼ de taza de **cacao en polvo**

¼ de cucharadita de **sal**

7 **yemas de huevo**

285 gramos de **chocolate semiamargo** derretido y enfriado ligeramente

EQUIPO ESPECIAL

Máquina para hacer helados

1 En una cacerola mediana a fuego medio vierte la crema para batir, la leche, ½ taza de azúcar, el cacao en polvo y la sal. Calienta la mezcla revolviendo ocasionalmente, hasta que el azúcar se haya disuelto y la mezcla esté caliente y humeante (pero que no hierva). La temperatura debe alcanzar de 80 a 82 °C. Retira la cacerola del fuego.

2 Mientras la mezcla de leche se calienta, bate ¼ de taza de azúcar restante con las yemas de huevo en un tazón pequeño. Integra el chocolate derretido hasta que obtengas una mezcla suave.

3 Agrega un gran chorro, aproximadamente una taza, de la mezcla de leche caliente a los huevos y al chocolate, y bate hasta que se suavice. Vierte la mezcla de huevo en la cacerola, intégrala y vuelve a calentar. Cocina a fuego medio-bajo durante 5 o 10 minutos, revolviendo constantemente, hasta que la mezcla se haya espesado y comience a soltar vapor, o hasta que alcance 80 a 82 °C en un termómetro de lectura instantánea. No permitas que la mezcla hierva.

4 Retira del fuego y vierte la mezcla a través de un tamiz de malla fina en un tazón grande para mezclar. Agrega la vainilla. Deja que la crema se enfríe un poco antes de cubrirla con una envoltura de plástico y enfriarla en el refrigerador al menos 4 horas, pero de preferencia durante toda la noche.

5 Una vez que la crema se haya enfriado, pásala a una máquina para hacer helados y sigue las instrucciones de uso del fabricante. Sirve inmediatamente o vierte el helado terminado a un molde para hornear de 23 × 23 centímetros. Cubre y congela hasta que esté firme.

HELADO DE
AUTÉNTICO
CHOCOLATE

ALREDEDOR DEL MUNDO

Dumplings de tres maneras

PARA 24 A 32 DUMPLINGS

Preparar tu propia masa de dumplings es simple y barato, y te hará sentir como todo un profesional. Estas tres sugerencias de relleno: verduras, carne de cerdo y camarones, son solo el comienzo. Una vez que domines la masa, podrás improvisar rellenos por el resto de tu vida como amante de los dumplings.

4 tazas de **harina común**

2 cucharaditas de **sal**

1¼ tazas de **agua tibia**

2 tazas de **col morada**

2 tazas de **cebollas cambray (solo el tallo)** en rodajas

6 **dientes de ajo** picados

4 cucharadas de **jengibre** picado

2 cucharadas de **salsa de soya**

2 cucharadas de **aceite de ajonjolí**

¼ de kilogramo de **carne de cerdo molida**

½ cucharadita de **pimienta negra**

¾ de taza de **champiñones** cortados en cubos pequeños

¾ de taza de **zanahorias** cortadas en cubos pequeños

¼ de kilogramo de **camarones** pelados, desvenados y picados

¼ de taza de **aceite vegetal**

SALSA PARA EL DIP

¼ de taza de **salsa de soya**

¼ de taza de **vinagre de vino de arroz**

1 cucharadita de **aceite de ajonjolí**

1 cucharadita de **hojuelas de chile rojo** trituradas

1   Combina la harina, una cucharadita de sal y el agua tibia, y revuelve hasta que queden bien mezclados. Extiende la masa sobre una superficie enharinada y amasa hasta que quede suave. Separa la masa en 4 partes iguales.

2   Extiende uno de los pedazos de masa en la forma de un rectángulo delgado y divídela en 6 u 8 piezas, según el tamaño de dumplings que quieras. Enharina ligeramente los trozos de masa divididos y extiéndelos en un círculo delgado de aproximadamente 10 centímetros de diámetro. Mantén los círculos para los dumplings separados con un pequeño trozo de papel encerado y repite con la masa restante.

3   Combina la col, la cebolla cambray, el ajo, el jengibre, la salsa de soya y el aceite de ajonjolí, y mezcla hasta que queden bien incorporados.

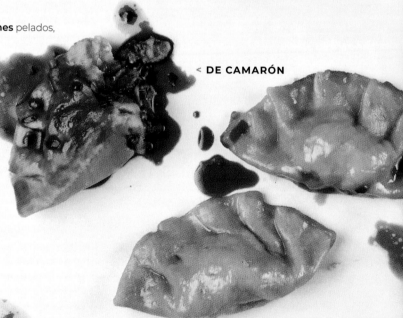

< **DE CAMARÓN**

4 **Para el relleno de carne de cerdo,** mezcla la carne molida con la cucharadita restante de sal, la pimienta y una taza de la mezcla de la col, y revuelve hasta que todo quede bien incorporado.

5 **Para el relleno de verduras** combina los champiñones y la zanahoria, y cocina en el horno de microondas por 3 minutos, hasta que queden suaves. Agrega una taza de la mezcla de la col y revuelve hasta que todo quede bien incorporado.

6 **Para el relleno de camarones** combina los camarones con una taza de la mezcla de la col y revuelve hasta que todo quede bien incorporado.

7 Para ensamblar los dumplings, agrega aproximadamente una cucharada copeteada de relleno en el centro de uno de los círculos de masa. Con tu dedo humedece ligeramente con agua la mitad del exterior del círculo. Dobla la mitad humedecida sobre el relleno y, con un tenedor, engarza los bordes para sellar. Repite con los rellenos y los círculos de masa restantes.

8 Calienta el aceite a fuego medio-alto en un sartén grande y coloca algunos dumplings para cocerlos en tandas. Una vez que el fondo de los dumplings comience a dorarse, agrega un poco de agua y cubre con una tapa. Cuécelos al vapor alrededor de 5 minutos o hasta que estén cocidos y el agua se haya evaporado. Mueve los dumplings cocidos a un plato forrado con toallas de papel para eliminar el exceso de humedad o grasa.

9 En un tazón pequeño combina la salsa de soya, el vinagre de arroz, el aceite de ajonjolí, las hojuelas de chile y revuelve. Sirve los dumplings de inmediato con la salsa para aderezar.

DE VERDURAS >

< DE CERDO

Hotcake alemán (también conocido como bebé holandés)

PARA 6 PORCIONES

3 **huevos**

1½ cucharadas de **azúcar granulada**

1 pizca de **sal**

¾ de taza de **leche** tibia

2 cucharaditas de **extracto de vainilla**

¾ de taza de **harina común**

3 cucharadas de **mantequilla**, 1 cucharada derretida

Azúcar glass para servir

Fresas rebanadas para servir

¡Puff, el hotcake mágico! Esponjosa y crujiente a la vez, esta confección es más bien un pan inflado gigante para alimentar a una multitud. Vierte la masa sobre la espumosa mantequilla caliente, métela al horno y luego adorna este globo aerostático comestible con fruta fresca y azúcar glass.

1 Precalienta el horno a 200 °C.

2 Incorpora los huevos, el azúcar granulada, la sal, la leche tibia, la vainilla, la harina y una cucharada de mantequilla derretida en una licuadora o procesador de alimentos. Mezcla hasta que tengas una masa suave.

3 Precalienta un sartén de hierro apto para horno a fuego medio-alto de 3 a 4 minutos. Derrite las 2 cucharadas restantes de mantequilla. Vierte la masa en el sartén caliente y enseguida, lleva el sartén al horno con cuidado y hornea durante 25 o 30 minutos. Estará listo cuando el hotcake alcance un rico color ámbar y sus lados hayan aumentado de manera considerable. Retira con cuidado el hotcake del sartén y déjalo enfriar ligeramente sobre una rejilla.

4 Sirve caliente con el azúcar glass y las fresas rebanadas.

Pollo jerk jamaiquino

PARA 4 PORCIONES

1 **pollo** entero

3 **chiles scotch bonnet** o **habaneros** sin semillas y picados

4 **dientes de ajo** picados

1 cucharada de **tomillo** fresco

1 cucharada de **pimienta gorda**

2 **cebollas** picadas

1 cucharada de **azúcar morena**

½ cucharada de **nuez moscada** molida

½ cucharada de **jengibre** picado

1 cucharada de **aceite de oliva**

Jugo de 1 **limón**

½ taza de **vinagre blanco**

Sal y pimienta al gusto

Aplanar un pollo entero no solo acorta el tiempo total de cocción, sino que gracias a ello resulta aún más fácil sazonar cada rincón y grieta de tu ave con esta mezcla picante, dulce y salada de especias. Asegurarte de no pasar por alto ni un centímetro de tu pollito te llevará al éxito. Usa guantes para manejar los chiles, ¡llorarás después si no lo haces!

1   Para preparar el pollo, quita la espina con unas tijeras de cocina o un cuchillo afilado. Pasa el pollo a una bandeja para hornear y aplánalo para extenderlo tanto como sea posible.

2   Agrega a una licuadora o al tazón de un procesador de alimentos los chiles, el ajo, el tomillo, la pimienta gorda, la cebolla, el azúcar morena, la nuez moscada, el jengibre, el aceite de oliva, el jugo de limón, el vinagre, la sal y la pimienta, y mezcla hasta que obtengas una pasta suave.

3   Vierte la marinada sobre el pollo. Cubre con papel aluminio o envoltura de plástico y deja marinar en el refrigerador al menos 3 horas o durante toda la noche.

4   Precalienta el horno a 200 °C.

5   Retira el papel aluminio o la envoltura de plástico y hornea el pollo durante 45 o 50 minutos, hasta que esté completamente cocido. Déjalo reposar alrededor de 10 minutos sobre una tabla para picar antes de servir.

Pollo tikka masala

PARA 4 A 6 PORCIONES

MARINADA DE POLLO

3 **pechugas de pollo** deshuesadas y sin piel

½ **taza de yogurt natural**

Jugo de 1 **limón**

6 **dientes de ajo** picados

1 cucharada de **jengibre** picado

2 cucharaditas de **sal**

2 cucharaditas de **comino en polvo**

2 cucharaditas de **garam masala**

2 cucharaditas de **paprika**

SALSA

3 cucharadas de **aceite**

1 **cebolla** grande picada finamente

2 cucharadas de **jengibre** picado

8 **dientes de ajo** picados

2 cucharaditas de **comino en polvo**

2 cucharaditas de **cúrcuma en polvo**

2 cucharaditas de **cilantro** molido

2 cucharaditas de **paprika**

2 cucharaditas de **chile en polvo**

2 cucharaditas de **garam masala**

1 cucharada de **puré de jitomate**

3½ tazas de **salsa de jitomate**

1 taza de **crema para batir**

Hojas de cilantro picadas

Brochetas de bambú o de madera

En cuanto descubras qué fácil es hacer este rico platillo a base de jitomate, estarás tentado a borrar tu lugar de comida india favorito de tu lista de marcado rápido. Sirve con arroz y pan naan como guarnición.

1   Precalienta el horno a 260 °C. Forra una bandeja para hornear o una bandeja para asar con papel encerado.

2   Corta el pollo en trozos pequeños. Mézclalo partido con el yogurt, el jugo de lima, el ajo, el jengibre, la sal, el comino, el garam masala y la paprika, y revuelve hasta que quede bien cubierto.

3   Cubre y refrigera al menos 1 hora o durante toda la noche.

4   Inserta los trozos de pollo marinados en brochetas de bambú o de madera. Acomoda las brochetas sobre la bandeja para hornear que habías preparado. Asegúrate de que haya espacio debajo del pollo para ayudar a distribuir el calor de manera más uniforme. Hornea alrededor de 15 minutos, hasta que el pollo se vea ligeramente café oscuro en los bordes.

5   Prepara la salsa: calienta el aceite en una olla grande a fuego medio. Luego sofríe la cebolla, el jengibre y el ajo hasta que estén tiernos, pero no dorados. Agrega el comino, la cúrcuma, el cilantro, la paprika, el chile en polvo y el garam masala, y revuelve constantemente durante 30 segundos. Añade el puré de jitomate, la salsa de jitomate y 1¼ tazas de agua. Enseguida hierve y cuece alrededor de 5 minutos. Incorpora la crema.

6   Retira el pollo de las brochetas e incorpóralo a la salsa. Cocina por 1 o 2 minutos adicionales. Sirve adornado con las hojas de cilantro.

Rosas de dumplings

PARA 8 DUMPLINGS

RELLENO

100 gramos de **camarones** cocidos y picados

100 gramos de **carne de cerdo molida**

2 cucharaditas de **sake**

Pizca de **sal**

2 cucharaditas de **salsa de soya**

1 cucharadita de **jengibre** rallado

1 **diente de ajo** rallado

25 gramos de **cebollín chino** picado

1 cucharadita de **azúcar**

32 hojas de **masa para dumpling** u obleas de gyoza

2 cucharadas de **aceite de ajonjolí**

SALSA

2 cucharadas de **vinagre de arroz**

2 cucharadas de **salsa de soya**

2 cucharadas de **aceite de chile**

En verdad estos dumplings se ven como flores cuando están bien cocidos, lo que los convierte en el elemento más romántico en cualquier selección de dim sum. Parecen más complicados de lo que son. Solo asegúrate de no rellenarlos demasiado antes de doblar, sellar y enrollar: esto hace que el proceso sea más manejable. Palabras sabias: ¡necesitas envoltorios de dumplings redondos para esta receta!

1   En un tazón grande mezcla los camarones picados, la carne molida de cerdo, el sake, la sal, la salsa de soya, el jengibre, el ajo, el azúcar y el cebollín chino. Mezcla hasta que todos los ingredientes estén completamente incorporados.

2   Con el dedo humedece el borde derecho de una hoja de dumpling con agua. Coloca otra sobre el borde, de modo que se superponga ligeramente a la primera, y sella con firmeza. Repite con 2 hojas más hasta tener 4 hojas en fila.

3   Coloca una cucharada de relleno en el centro de cada hoja de dumpling. Humedece el borde de las hojas y dobla cada dumpling de punta a cabo, asegurándote de que los bordes aún se superpongan. Sella con firmeza. Con un movimiento suave, rueda en forma circular las 4 hojas de dumpling unidas, comenzando desde el lado izquierdo, para crear la forma de una flor. Repite con el resto de las hojas de dumplings, en grupos de 4, hasta crear 8 rosas de dumplings en total.

4   Calienta una cucharada de aceite de ajonjolí en un sartén a fuego medio-alto. Coloca los dumplings en el sartén y cuécelos durante 2 minutos, hasta que los fondos comiencen a dorarse. Agrega un poco de agua al sartén y cúbrelo con una tapa. Deja que se cocinen al vapor por 10 minutos más. Retira la tapa y rocía con la cucharada restante de aceite de ajonjolí. Cocina a fuego lento durante 3 minutos adicionales.

5   En un tazón pequeño pon los ingredientes de la salsa y revuelve para combinar. Retira los dumplings del sartén y sirve acompañados con la salsa.

Carne estilo barbecue coreana (bulgogi)

PARA 2 PORCIONES

³/₄ de kilogramo de **rib-eye** o cualquier otro corte suave y marmoleado

1 **cebolla**, una mitad cortada en trozos, otra mitad rebanada finamente

3 **dientes de ajo**

½ **pera** pelada y cortada en trozos

3 **cebollas cambray (solo el tallo)**, 1 cortada en trozos y 2 partidas en rodajas de ½ centímetro

3 cucharadas de **azúcar morena**

1 cucharadita de **pimienta negra**

¹/₃ de taza de **salsa de soya**

3 cucharadas de **aceite de ajonjolí**

1 cucharada de **aceite de canola**

1 cucharadita de **semillas de ajonjolí** para servir

Arroz para servir

Guarniciones coreanas (banchan) para servir (opcional)

¡Bulgogi (que se pronuncia bul-gó-gui) podría ser la palabra en coreano para delicioso! La pera es una adición tradicional para este plato dulce de soya, que ayuda a que la carne, con su perfil de sabor único, suelte sus jugos a una velocidad vertiginosa. Una rápida sofreída en el sartén carameliza la carne mientras se cuece. Sirve con arroz y, si tienes acceso a un restaurante o mercado coreano, puedes añadir una variedad de encurtidos y ensaladas llamados banchan.

1 Rebana la carne lo más fina que puedas y deja aparte, en un tazón grande. Usar carne congelada o fría facilita el corte.

2 En una licuadora o procesador de alimentos coloca los trozos de cebolla, el ajo, la pera, los trozos del tallo de la cebolla cambray, el azúcar morena, la pimienta, la salsa de soya y el aceite de ajonjolí hasta que obtengas una mezcla suave. Vierte la marinada sobre la carne, agrega la cebolla en rodajas finas y mezcla de manera uniforme. Cubre con una envoltura de plástico y deja marinar al menos 30 minutos en el refrigerador o durante toda la noche.

3 Calienta el aceite de canola en un sartén a fuego alto. Seca la carne con palmaditas.

4 Con cuidado de no saturar el sartén, dora la carne marinada y la cebolla. Espolvorea con el tallo de la cebolla cambray en rodajas y las semillas de ajonjolí. Sirve con arroz y guarniciones.

Tarta de manzana estilo francés (tarte tatin)

PARA 4 A 6 PORCIONES

240 gramos de **pasta de hojaldre**

6 **manzanas**, de preferencia Honeycrisp o Granny Smith

½ taza de **azúcar**

3 cucharadas de **mantequilla sin sal**

Helado de vainilla para acompañar

Esta tarta pone el mundo de los postres de manzana de cabeza, literalmente. No esperes hasta que esté completamente fría antes de voltearla en un plato; se debe hacer cuando aún está tibia.

1   Con un molde para pastel de 23 centímetros de diámetro como plantilla, corta un círculo de la pasta de hojaldre. Con un tenedor haz agujeros por todo el círculo cortado para proporcionar ventilación. Deja aparte.

2   Pela y corta las manzanas en cuartos. Usa una cuchara o un sacabolas para melón para quitar el corazón.

3   Precalienta el horno a 190 °C.

4   En una cacerola grande a fuego medio distribuye 3 cucharadas de agua y el azúcar de manera uniforme, y cocina hasta que el caramelo tenga un color ámbar claro, entre 5 y 7 minutos; revuelve de vez en cuando para ayudar a que se derritan los grumos. Añade la mantequilla y mezcla constantemente hasta que el color del caramelo se vuelva café claro y cremoso. Agrega las manzanas y revuelve hasta que estén cubiertas por una capa gruesa de caramelo.

5   Deja que se cuezan durante 15 o 20 minutos, asegurándote de que las manzanas se volteen todo el tiempo para que se bañen por completo en el caramelo. Retira del fuego cuando el caramelo se haya reducido y quede poco en el fondo del sartén. Cuida que el caramelo no se queme: pruébalo constantemente para asegurarte de que no tenga un sabor amargo.

6   Acomoda las rebanadas de manzana en círculos concéntricos en el fondo del molde para pastel. Presiona con firmeza las rebanadas una contra la otra. Luego vierte el caramelo restante sobre ellas. Coloca el círculo de hojaldre sobre la parte superior. Mete la masa por los costados del molde.

7   Hornea entre 45 y 50 minutos, hasta que la masa esté dorada y firme. Enfría alrededor de 1 hora. Voltea la tarta en un plato. Rebana y sirve con helado de vainilla.

Pollo meloso con piña

PARA 2 PORCIONES

1 **piña** grande

2 cucharadas de **aceite de cacahuate** o **vegetal**

6 **muslos de pollo** deshuesados y sin piel cortados en cubos pequeños

Sal y pimienta al gusto

1 cucharada de **salsa hoisin**

1 cucharada de **salsa de soya**

1 cucharada de **azúcar morena**

1 cucharada de **pasta de ajo**

½ taza de **caldo de pollo**

Arroz para servir

Semillas de ajonjolí para servir

Básicamente se trata de una fiesta tiki disfrazada de platillo para cenar. Este pollo tropical y picante utiliza la piña como inspiración para el sabor y como vehículo para servir. Cuando compras una piña entera, esta debe oler a piña; eso y un agradable color amarillo asomándose al exterior son signos reveladores de que está madura.

1 Con un cuchillo afilado corta cuidadosamente la piña por la mitad a lo largo. Con la punta del cuchillo corta alrededor del borde de la piña; ten cuidado de no cortar la cáscara. Rebana hacia abajo y hacia lo ancho de la carne de la piña. Con una cuchara saca los cubos formados. Desecha el corazón y deja los cubos de piña a un lado.

2 En una olla grande de 4 litros calienta el aceite a fuego medio. Agrega el pollo y sazona con sal y pimienta. Fríe alrededor de 10 minutos, hasta que los cubos de pollo estén dorados y bien cocidos. Retira el pollo y deja aparte.

3 Agrega la piña en cubos, la salsa hoisin, la salsa de soya, el azúcar morena y la pasta de ajo al sartén y cocina por unos minutos. Añade el caldo de pollo y hierve y cocina a fuego lento, revolviendo ocasionalmente, hasta que la salsa se haya reducido y espesado.

4 Vuelve a colocar el pollo en el sartén y mezcla hasta que quede cubierto con la salsa de manera uniforme. Sirve en las mitades de piña vacías, junto con un poco de arroz y semillas de ajonjolí.

TENDENCIAS

Pizza con masa de coliflor de tres maneras

CADA RECETA RINDE 2 PORCIONES

Olvídate de que está libre de carbohidratos; esta masa de coliflor puede sostenerse bien por sí sola, sin importar cómo la rebanes.

MASA DE COLIFLOR PARA PIZZA

1 cabeza de **coliflor** limpia y cortada en trozos

½ cucharadita de **orégano** seco

½ cucharadita de **ajo en polvo**

¼ de cucharadita de **hojuelas de chile rojo**

½ cucharadita de **sal marina**

¼ de taza de **queso parmesano** rallado

1 **huevo** grande

1 Precalienta el horno a 230 °C. Cubre una bandeja para hornear con papel encerado.

2 Agrega la coliflor al tazón de un procesador de alimentos y pulsa hasta que tenga el tamaño de un grano de arroz. Coloca en un recipiente apto para microondas y cocina en el horno de microondas a temperatura alta durante 3 minutos o hasta que comience a humear. Retira la coliflor del horno y colócala sobre una toalla de cocina limpia. Envuélvela con la toalla y exprime la mayor cantidad de líquido posible; espera a que la coliflor se enfríe un poco si es necesario. Vierte la coliflor en un tazón. Incorpora el orégano, el ajo en polvo, las hojuelas de chile rojo, la sal, el parmesano y el huevo. Revuelve bien.

3 Lleva la mezcla a la bandeja para hornear y con tus manos forma un disco redondo de un centímetro de espesor y 25 centímetros de diámetro. Hornea durante 25 o 30 minutos, o hasta que la corteza comience a dorarse.

PIZZA MARGARITA CON MASA DE COLIFLOR

Masa de pizza de coliflor preparada con la receta previa

Salsa marinara

Queso mozzarella rallado

4 **hojas de albahaca** fresca

Hojuelas de chile rojo para servir.

1 Precalienta el horno a 230 °C.

2 Cubre la masa de pizza horneada con salsa marinara, mozzarella y albahaca u otros ingredientes de tu elección, y hornea por 10 minutos o hasta que el queso se derrita y comience a burbujear. Espolvorea encima las hojuelas de chile rojo y sirve.

PIZZA DE VEGETALES ARCOÍRIS CON MASA DE COLIFLOR

Salsa de pizza

Masa de pizza de coliflor preparada con la receta de la página anterior

Queso mozzarella rallado

4 **jitomates deshidratados al sol**

1 **pimiento naranja** rebanado

1 **pimiento amarillo** rebanado

85 gramos de **espinacas baby** prelavadas y picadas

¼ de **cebolla morada** rebanada finamente

Queso parmesano rallado para servir

1 Precalienta el horno a 230 °C.

2 Extiende una capa de salsa de pizza sobre la masa de pizza horneada y agrega el queso mozzarella. Cubre con las verduras. Hornea durante 8 o 10 minutos, o hasta que las espinacas se oscurezcan y el queso se derrita. Agrega el queso parmesano rallado y sirve.

PIZZA DE PIMIENTO Y CHAMPIÑONES CON MASA DE COLIFLOR

Masa de pizza de coliflor preparada con la receta de la página anterior

1 **pimiento verde** rebanado

6 **champiñones** rebanados

¼ de **cebolla morada** rebanada finamente

10 **tomates cherry** partidos por la mitad

1 Precalienta el horno a 230 °C.

2 Cubre la masa de pizza horneada con el pimiento, los champiñones, la cebolla y los jitomates u otros ingredientes de tu elección. Hornea por 10 minutos o hasta que los tomates comiencen a burbujear.

< MARGARITA

< ARCOÍRIS

< PIMIENTO Y
CHAMPIÑONES

Esfera mágica de chocolate

PARA 2 PORCIONES

230 gramos de **chocolate de leche** troceado o en chispas

2 **brownies** preparados a tu gusto

Frutos rojos variados para servir

Helado para servir

230 gramos de **chocolate negro**, 70% cacao o más, troceado

1 taza de **crema para batir**

EQUIPO ESPECIAL

Esferas de acrílico para rellenar de 15 centímetros, disponibles en tiendas de artesanías, de artículos de repostería o en tiendas en línea

Necesitas una pieza de equipo especial para esta receta, una esfera de acrílico para rellenar, pero una vez que la tengas el resto es relativamente fácil y, definitivamente, un espectáculo magnífico.

1   Derrite el chocolate con leche en el horno de microondas en intervalos de 20 segundos, revolviendo entre cada periodo hasta que se haya derretido.

2   Abre la esfera de acrílico y pasa por el interior una toalla de papel ligeramente engrasada. Vierte el chocolate en una de las mitades. Cierra la esfera y gírala para que el chocolate cubra toda la superficie de manera uniforme. Continúa girando lentamente durante 5 minutos, tal vez debas agitarla un poco para que el chocolate cubra todos los huecos. Mete la esfera de acrílico en el congelador y voltéala después de 2 minutos. Continúa volteándola cada pocos minutos, 2 o 3 veces más. El chocolate debe estar listo para entonces. Congela al menos por 30 minutos.

3   Retira la esfera de acrílico del congelador. Ábrela con cuidado para sacar la esfera de chocolate. Trabaja rápido y evita tocar la esfera de chocolate por mucho tiempo con las manos tibias. Si deseas ser más cuidadoso, inmediatamente después de desmoldar, coloca otra vez la esfera de chocolate dentro del congelador por unos minutos.

4   Sumerge o pasa un tazón de fondo plano en agua hirviendo y sécalo. Voltea el tazón sobre una superficie plana y coloca un lado de la esfera de chocolate congelado sobre el tazón caliente.

5   Gírala hacia adelante y hacia atrás con un movimiento suave, asegurándote de no aplicar demasiada presión. Usa una toalla de papel para ayudar a aislar la esfera de chocolate de tus dedos tibios. Es posible que debas recalentar y limpiar el tazón varias veces, ya que se enfriará un poco. Coloca la esfera de chocolate nuevamente en el congelador.

6   En un plato grande acomoda los brownies uno encima del otro. Cúbrelos con los frutos rojos. Sirve una bola de helado sobre los brownies y la fruta. Coloca lentamente la esfera de chocolate encima. Para cubrir cualquier hueco o imperfección a lo largo del borde de la esfera, rodea la base con más frutos rojos.

7 Añade el chocolate negro a la crema para batir en un tazón apto para el microondas. Funde el chocolate con la crema en el microondas en intervalos de 20 segundos hasta que obtengas una mezcla suave y brillante. Vierte la salsa de chocolate caliente sobre la esfera con un movimiento circular.

Cheesecake unicornio

RELLENO

1.360 kilogramos de **queso crema**

1 taza de **azúcar**

2 cucharadas de **extracto de vainilla**

2 tazas de **leche tibia**

2 cucharadas de **gelatina en polvo**

Colorante alimenticio: azul, morado y rosa

CORTEZA

20 **galletas graham**

4 cucharadas de **mantequilla sin sal**

$1/3$ de taza de **azúcar**

CUERNOS DE UNICORNIO

9 **miniconos de waffle**

2 tazas de **chocolate blanco** derretido

Azúcar de colores: rosa y azul

PARA SERVIR

Azúcar de colores

Chicles bola

Paletas dulces de colores

¿No es divertido vivir en una época en la que un juego completo de colorante alimenticio es un componente esencial del kit de cualquier cocinero moderno? El fenómeno del unicornio saca a nuestro niño interior y le permite esparcir polvo de hadas comestible sobre todo tipo de cosas deliciosas. Como prueba: este cheesecake tricolor se remata con pequeños «cuernos» hechos con conos para helado y una galaxia de chicles y azúcar de colores.

1   Prepara el relleno: en un tazón grande usa una batidora eléctrica de mano para combinar el queso crema, el azúcar y el extracto de vainilla. Calienta la leche en el horno de microondas durante 2 minutos, añade la grenetina y mezcla. Agrega a la mezcla queso crema.

2   Separa la mezcla en tres tazones. Añade una gota de colorante alimenticio a cada tazón y revuelve.

3   Para hacer la corteza, pon las galletas graham en una bolsa de plástico hermética y con un rodillo tritúralas hasta que parezcan arena gruesa. Pasa las galletas trituradas a un tazón mediano y agrega la mantequilla y el azúcar. Mezcla hasta que todo esté bien incorporado. Presiona en un molde de broche de 20 centímetros de diámetro engrasado y enfría.

4   Vierte la masa azul sobre la corteza de galleta graham y refrigera por 30 minutos o hasta que esté firme. Agrega la masa morada y refrigera por 30 minutos más. Luego la masa rosa y refrigera por 60 minutos adicionales.

5   Para hacer los cuernos de unicornio sumerge cada cono de waffle en el chocolate blanco, cubre con azúcar de colores y enfría hasta que el chocolate esté firme.

6   Cubre el cheesecake con azúcar de colores. Decora con los cuernos de unicornio, los chicles y la paleta de dulce.

Pan tostado de camote del suroeste

PARA 1 PORCIÓN

1 **camote**

½ **aguacate** pequeño

Sal y pimienta al gusto

Salsa de elote amarillo para servir

Salsa picante para servir

Este sustituto para el pan rebanado ha subido rápidamente hasta la cima de los alimentos libres de gluten. No solo es fácil de preparar, sino que ni siquiera requiere un sofisticado horno tostador, solo un viejo y simple tostador de pan. Piensa en esta crujiente base de camote como tu paleta de pintor, tu inspiración, tu lienzo a la espera de ser decorado con salsa (o guacamole o salsa de yogurt, tú eres el artista).

1   Corta el camote en rodajas finas, de aproximadamente ½ centímetro de grosor. Coloca una rebanada en cada ranura del tostador y ajústalo al tiempo máximo de cocción. Cuando salte, voltea la rebanada de camote y tuéstala una vez más. Dependiendo de la fuerza de tu tostador y de tus preferencias, es posible que debas tostarla una vez más. Retira las rebanadas del tostador y deja enfriar lo suficiente para que puedas manejarlas.

2   Tritura el aguacate. Agrega sal y pimienta y mezcla hasta que esté bien combinado. Extiende el puré de aguacate de manera uniforme sobre el pan tostado de camote, cubre con la salsa de elote y rocía con salsa picante.

Papas fritas emoji

3 **papas russet** peladas y cocidas

3 cucharadas de **maicena**

¼ de taza de **harina común**

3 cucharadas de **pan molido**

1 **huevo**

Sal y pimienta al gusto

Aceite de cacahuate o **vegetal** para freír

No hay tal cosa como demasiadas formas para expresar tus emociones. Y aquí hay una más: ¡papas fritas emoji al rescate! Tan solo dale forma de pequeños discos a esta mezcla picante y luego usa una cuchara para expresar tus sentimientos más profundos. Es una idea tan linda que no sabrás si reír o llorar.

1   En un tazón machaca las papas cocidas con un tenedor o un prensapapas hasta que estén suaves y esponjosas. Agrega la maicena, la harina, el pan molido, el huevo, la sal y la pimienta, y mezcla hasta que se forme una masa ligeramente desmenuzable. Lleva la mezcla a una superficie enharinada y extiende hasta que la masa tenga alrededor de un centímetro de espesor.

2   Con la tapa de un frasco o un cortador de galletas corta la masa en círculos. Conviértelos en cualquier diseño de emoji que desees con herramientas como cucharas, popotes, palillos de dientes, tenedores o tus propios dedos. Coloca los emojis en una bandeja para hornear forrada con papel encerado y refrigérala durante 30 minutos.

3   Calienta el aceite en una olla grande y profunda a 180 °C.

4   Coloca los emojis y fríe durante 1 o 2 minutos, o hasta que estén dorados. Escurre el exceso de aceite sobre una toalla de papel o una rejilla y espolvorea con sal. Sirve de inmediato.

Tazón de Buda repleto de proteínas

PARA 2 PORCIONES

MARINADA

2 cucharadas de **aceite vegetal**

½ cucharadita de **aceite de ajonjolí**

1 cucharadita de **salsa picante**

2 cucharaditas de **tomillo** seco

1 cucharadita de **paprika**

½ cucharadita de **sal**

230 gramos de **tofu firme** escurrido

1 **camote** pelado y partido en cubos

1 **cebolla** rebanada

2 **dientes de ajo** picados

1 cucharada de **aceite de cacahuate** o **vegetal**

1 taza de **garbanzos** escurridos

½ cucharadita de **sal** y un poco adicional al gusto

½ cucharadita de **pimienta negra** y un poco adicional al gusto

1 cucharadita de **chile en polvo**

1 cucharadita de **ajo en polvo**

1½ tazas de **quinoa** cocida

1 taza de **hojas verdes mixtas** (¡variedad de hojas verdes, kale [col rizada] baby o espinacas estarían bien!)

¼ de taza de **zanahorias** ralladas

1 **aguacate** cortado en cubos

Jugo de 1 **limón**

Este tazón te hará querer sentarte con calma a la mesa para el almuerzo. Cargado con proteínas magras que te llenarán de energía para todo tu día, sus partes pueden prepararse con anticipación y almacenarse por separado en tu refrigerador. De esa manera, siempre que surja la necesidad de una fuente de energía saludable, nunca estará a más de un tazón de distancia.

1   En un tazón pequeño mezcla los ingredientes de la marinada hasta que se incorporen bien. Agrega la marinada y el tofu a un recipiente y refrigera al menos por 30 minutos o hasta un día.

2   Precalienta el horno a 200 °C.

3   Coloca el camote, la cebolla y el ajo en una bandeja para hornear y rocía todo con aceite. Sazona con sal y pimienta al gusto. Hornea durante 20 o 25 minutos.

4   En un tazón pequeño pon los garbanzos, ½ cucharadita de sal, ½ cucharadita de pimienta, el chile en polvo, el ajo en polvo y revuelve hasta que quede bien incorporado. Pasa la mezcla a un sartén y cocina a fuego medio alrededor de 10 minutos. Deja aparte.

5   Fríe el tofu en el mismo sartén alrededor de 10 minutos por cada lado. Retira del fuego y rebana a tu gusto.

6   Mezcla la quinoa, las verduras, los camotes, las cebollas, los garbanzos, las zanahorias, el tofu y el aguacate en un tazón mediano-grande y cubre con jugo de limón.

Bark de chocolate galaxia

PARA 1 BANDEJA

680 gramos de **chocolate negro** troceado o en chispas

680 gramos de **chocolate blanco** troceado o en chispas

Gel alimenticio: azul y morado

Chispas en forma de estrella

Fascinante para la vista y aún más embriagador para el gusto, este dulce caramelo casero te hará sentir como todo un chocolatero profesional. Tan solo derrite, colorea, rocía y crea remolinos. Luego decora la parte superior con pequeñas chispas en forma de estrella. Cada bocado es algo fuera de este mundo.

1 En un tazón grande y con ayuda del microondas derrite el chocolate negro en intervalos de 20 segundos. Revuelve entre cada periodo de tiempo hasta que tenga una textura suave. Mantén caliente y deja aparte.

2 Divide el chocolate blanco en 2 tazones y derrítelo en el microondas en intervalos de 20 segundos. Revuelve entre cada periodo de tiempo hasta que tenga una textura suave. Agrega el gel azul a uno de los tazones y el gel morado al otro, hasta que obtengas el color deseado.

3 Forra una bandeja para hornear con papel encerado. Vierte el chocolate negro encima, usa una espátula para extender al grosor deseado.

4 Vierte el chocolate azul sobre el chocolate negro. Luego agrega el chocolate morado. Usa un cuchillo o una brocheta para crear remolinos en el chocolate hasta que obtengas el aspecto deseado. Espolvorea con las chispas en forma de estrellas. Refrigera el chocolate al menos 2 horas antes de romperlo en pedazos.

Cheesecake con cereal arcoíris

PARA 12 PORCIONES

285 gramos de **malvaviscos**

3 cucharadas de **mantequilla**

6 tazas de **cereal de arroz con sabor a frutas**

Aceite de cacahuate o **vegetal** para el sartén

450 gramos de **queso crema** a temperatura ambiente

2 cucharadas de **jugo de limón** fresco

2 tazas de **crema para batir**

1 cucharadita de **extracto de vainilla**

¹/₃ de taza de **azúcar**

¿Una corteza que sabe a un cruce entre un tazón de cereal afrutado y una barrita de crujiente cereal de arroz inflado? Listo. ¿Un centro de cheesecake al estilo Nueva York de ensueño? Hecho. ¿La sensación primordial de alcanzar un logro cuando cortas y sirves a este bebé? Bueno, eso es solo una pizca de este pastel.

1   En un tazón grande mezcla los malvaviscos y la mantequilla. Calienta la mezcla en el horno de microondas durante 2 minutos, revolviendo a partir del primer minuto. Agrega 5 tazas de cereal y revuelve hasta que esté completamente incorporado. Vierte la mezcla a cucharadas en el fondo de un molde de broche de 20 centímetros de diámetro engrasado. Presiona hacia abajo alrededor de los bordes para crear una superficie lisa. Refrigéralo alrededor de 20 minutos.

2   En un tazón grande bate el queso crema y el jugo de limón hasta que queden bien incorporados. Vierte la crema, la vainilla, el azúcar y mezcla hasta que quede liso y sedoso con picos suaves.

3   Vierte la mezcla de queso crema sobre la base de cereal de arroz y malvaviscos; usa una espátula para crear una superficie lisa. Enfría al menos por 3 horas.

4   Retira el molde y cubre con la taza de cereal restante. Corta y sirve.

Fideos de calabacitas con pollo alfredo

PARA 2 PORCIONES

3 **calabacitas** con los extremos recortados

2 cucharadas de **mantequilla**

2 **pechugas de pollo** deshuesadas y sin piel, rebanadas finamente

1 cucharadita de **sal kosher**

1 cucharadita de **pimienta negra** recién molida

3 **dientes de ajo** picados

¾ de taza de **crema para batir**

1 taza de **queso parmesano** rallado y un poco adicional para servir

2 cucharadas de **perejil** fresco finamente picado y un poco adicional para servir

¿Cuál es la cruz de las calabacitas con los fideos?... ¡calabadeos! O en inglés, zoodles. Sí, verás esa palabra incluida en la próxima ola de diccionarios. ¿Tienes un cortador de verduras en espiral? Ya estás dentro. ¿No lo tienes? Usa un pelapapas o una mandolina para obtener resultados similares. Solo recuerda que, a diferencia de la pasta real, solo necesitas cocinar estos «fideos» durante un caluroso minuto.

1   Usa un cortador de verduras en espiral, mandolina o pelapapas para convertir las calabacitas en delgados fideos. Cocina los fideos en el horno de microondas durante 1 o 2 minutos. Luego escurre el líquido que sueltan.

2   Derrite la mantequilla en un sartén a fuego medio. Agrega el pollo, la sal, la pimienta y el ajo, y cocina hasta que el ajo comience a dorarse y el pollo esté bien cocido, aproximadamente 7 minutos. Retira el pollo del sartén.

3   Añade la crema, el queso parmesano y el perejil al sartén, y revuelve hasta que se combinen de manera uniforme. Lleva a ebullición. Luego revuelve hasta que la salsa se haya reducido a la mitad, durante 3 o 5 minutos. Vuelve a poner el pollo en la salsa y revuelve para cubrir. Retira del fuego y sazona con sal y pimienta al gusto.

4   Incorpora los fideos de calabacita con la mezcla de pollo y revuelve hasta que estén cubiertos uniformemente. Sirve con más queso parmesano y perejil si lo deseas.

Galletas en forma de fidget spinner

PARA 12 GALLETAS

2½ tazas de **harina común**

¾ de taza de **azúcar**

¼ de cucharadita de **sal**

1 taza de **mantequilla sin sal** suavizada

2 cucharaditas de **extracto de vainilla**

2 cucharadas de **queso crema** suavizado

Glaseado real, de cualquier color, para decoración

No hay nada de qué preocuparse aquí: sigue las instrucciones y obtendrás una versión real del juguete terapéutico más popular de nuestra nación.

1 En un tazón grande coloca la harina, el azúcar y la sal, y mezcla con una cuchara de madera hasta que todo quede completamente incorporado. Añade la mantequilla y trabaja con las manos hasta que la mezcla tenga un aspecto desmenuzable y ligeramente húmedo, alrededor de 1 minuto más. Agrega la vainilla y el queso crema, y mezcla con las manos hasta que la masa comience a formar terrones grandes, por cerca de 30 segundos.

2 Pasa la masa a una superficie enharinada y trabájala hasta que se convierta en una bola consistente. Envuelve en plástico y refrigera al menos por 30 minutos.

3 Precalienta el horno a 180 °C. Cubre una bandeja para hornear con papel encerado.

4 Saca la masa del refrigerador y extiéndela sobre una superficie plana hasta que tenga medio centímetro de grosor. Usa un fidget spinner como guía para cortar 12 formas en la masa. Sepáralas. Utiliza una tapa de botella de agua o refresco limpia para cortar 12 círculos. Sepáralos. Toma la masa extra y extiéndela nuevamente hasta tener un centímetro de grosor. Con un popote, saca 12 cilindros pequeños que actuarán como clavijas para las galletas en forma de fidget spinner.

5 Con el mismo popote haz los agujeros en los centros de galletas del fidget spinner y muévelo en círculo para ampliar el agujero, de manera que sea un poco más grande que el diámetro de las clavijas. Coloca todas las piezas en la bandeja para hornear.

6 Hornea durante 7 minutos y retira las clavijas. Gira la bandeja para hornear y continúa horneando durante 8 minutos más, hasta que las galletas estén doradas.

7 Enfría las galletas por completo. Luego decora a tu gusto con el glaseado real o con tu decoración favorita. Usa betún o glaseado real como pegamento para unir una clavija a la parte posterior de uno de los círculos pequeños. Coloca la base de la galleta en forma de fidget spinner sobre la clavija y monta la galleta del segundo círculo con más glaseado. Deja secar todo el glaseado antes de intentar girar.

BOMBAS Y ANILLOS

Trufas de brownie rellenas de cuatro maneras

El secreto de estas desmesuradas trufas está en la mezcla. Aclaramos: mezcla de brownies de caja, preparada y enrollada alrededor de fabulosos rellenos que valen toda una tienda de dulces.

TRUFAS DE BROWNIE RELLENAS DE TRUFA DE CHOCOLATE

Brownies preparados

16 **trufas de chocolate**

340 gramos de **chocolate** derretido

½ taza de **cacao en polvo**

1 Coloca los brownies preparados sobre una tabla para picar. Con un rodillo extiende los brownies hasta que tengan alrededor de medio centímetro de grosor. Corta en 16 cuadrados iguales.

2 Envuelve un cuadrado de brownie alrededor de cada trufa. Séllala por completo girándola varias veces. Sumerge cada trufa envuelta en chocolate derretido hasta cubrir toda la bola. Cubre con cacao en polvo y enfría al menos 1 hora o hasta que vayas a servir.

TRUFAS DE BROWNIE RELLENAS DE CREMA DE CACAHUATE

Brownies preparados

1 taza de **crema de cacahuate**

½ taza de **azúcar glass**

½ cucharadita de **extracto de vainilla**

½ taza de **cereal de arroz**

340 gramos de **chocolate** derretido

¼ de taza de **crema de cacahuate** tibia

1 Coloca los brownies preparados sobre una tabla para picar. Con un rodillo extiende los brownies hasta que tengan alrededor de medio centímetro de grosor. Corta en 16 cuadrados iguales.

2 En un tazón grande combina la crema de cacahuate, el azúcar glass, la vainilla y el cereal de arroz. Mezcla bien y congela entre 30 minutos y 1 hora.

3 Moldea la mezcla de crema de cacahuate en 16 bolas iguales, de aproximadamente una cucharadita cada una. (Un sacabolas para melón funciona muy bien para esto). Envuelve un cuadrado de brownie alrededor de cada bola de crema de cacahuate y gira para sellar. Sumerge cada trufa envuelta en chocolate derretido hasta cubrir toda la bola. Con una cuchara rocía crema de cacahuate tibia sobre las trufas y enfría durante 30 minutos o hasta que vayas a servir.

TRUFAS DE BROWNIE RELLENAS DE MASA DE GALLETAS

Brownies preparados

1 taza de **harina común**

½ taza de **azúcar morena**

½ taza de **mantequilla** derretida

¼ de taza de **leche**

½ cucharadita de **extracto de vainilla**

½ cucharadita de **sal**

½ taza de **minichispas de chocolate**

340 gramos de **chocolate** derretido

1 Coloca los brownies preparados sobre una tabla para picar. Con un rodillo extiende los brownies hasta que tengan alrededor de ½ centímetro de grosor. Corta en 16 cuadrados iguales.

2 En una bandeja para hornear pequeña hornea la harina a 180 °C durante 5 minutos para matar posibles bacterias.

3 En un tazón grande mezcla la harina, el azúcar morena, la mantequilla, la leche, la vainilla, la sal y las chispas de chocolate. Revuelve bien y congela durante 30 minutos o 1 hora.

4 Moldea la masa para galletas en 16 bolas iguales, de aproximadamente una cucharadita cada una. Envuelve un cuadrado de brownie alrededor de cada bola de masa para galletas. Sumerge cada trufa envuelta en chocolate derretido hasta cubrir toda la bola. Enfría durante 30 minutos o hasta que vayas a servir.

TRUFAS DE BROWNIE RELLENAS DE CHEESECAKE

Brownies preparados

450 gramos de **queso crema** suavizado

1 taza de **azúcar glass**

½ cucharadita de **extracto de vainilla**

340 gramos de **chocolate** derretido

½ taza de **galletas graham** molidas

1 Coloca los brownies preparados sobre una tabla para picar. Con un rodillo extiende los brownies hasta que tengan alrededor de ½ centímetro de grosor. Corta en 16 cuadrados iguales.

2 En un tazón grande combina el queso crema, el azúcar glass y la vainilla. Revuelve bien y congela la mezcla durante 30 minutos o 1 hora.

3 Con la mezcla de cheesecake forma 16 bolas iguales, de aproximadamente una cucharadita cada una. Envuelve un cuadrado de brownie alrededor de cada bola de queso crema. Sumerge cada trufa envuelta en chocolate derretido hasta cubrir toda la bola. Cubre con las galletas graham molidas. Deja enfriar por 30 minutos, o hasta que vayas a servir.

MASA DE
GALLETAS

CHEESECAKE

TRUFA DE
CHOCOLATE

< CREMA DE
CACAHUATE

Anillo de quesadilla en flor

PARA 20 PORCIONES

2 tazas de **pollo** cocido y desmenuzado

1 **cebolla** picada

1 **pimiento rojo** picado

1 **jalapeño** picado

1 taza de **salsa taquera**

20 **tortillas** de harina

3 tazas de **queso cheddar** rallado

3 tazas de **queso Monterey Jack** rallado

OPCIONES PARA SERVIR

Salsa

Guacamole

Crema agria

Cilantro fresco picado

Quesadilla: deliciosa, pero quizá un poco aburrida. Quesadilla en flor para una multitud: deliciosa y, en definitiva, dinamita. Las capas de conos de rehilete rellenos de pollo se apilan, colocados entre capas con queso derretido, y se hornean en círculo; jalar una para separarla produce una tira de queso elástico lista para Instagram. Y no te olvides de dejar espacio en el centro para la salsa, todo es mejor con salsa.

1   Precalienta el horno a 190 °C. Cubre una bandeja para hornear con papel encerado.

2   En un tazón coloca el pollo, la cebolla, el pimiento rojo, el jalapeño y la salsa taquera, y mezcla para combinar. Deja aparte.

3   Corta cada tortilla por la mitad. Distribuye de manera uniforme alrededor de 2 cucharadas de queso cheddar, queso Monterey Jack y la mezcla de pollo en cada mitad de tortilla. Enrolla la tortilla en un cono comenzando desde el borde cortado. Asegúrate de no empujar los ingredientes fuera de la tortilla.

4   Coloca un frasco o vaso de boca ancha en el centro de la bandeja para hornear. Crea un anillo alrededor del frasco con los conos de tortilla. La punta de los conos debe estar en el centro, tocando el frasco. Debe haber unos 13 conos en la primera capa. Espolvorea el queso cheddar y el queso Monterey Jack sobre la capa.

5   Comienza la segunda capa colocando un cono encima, acomódalo entre 2 conos de la primera capa. Continúa este proceso con el resto de los conos. Debe haber 3 capas completas de conos con 3 conos para llenar parte del espacio vacío en la parte superior.

6   Espolvorea el resto del queso cheddar y Monterey Jack sobre la quesadilla en flor. Retira el frasco del centro del anillo. Hornea hasta que el queso se derrita y los bordes de las tortillas estén crujientes, de 15 a 20 minutos.

7   Con cuidado pasa la quesadilla en flor a un plato para servir. Coloca la salsa de tu elección dentro del anillo y cubre con las guarniciones deseadas. Sirve inmediatamente.

Bombas de pollo con guacamole y tocino

2 **aguacates** maduros

½ **cebolla blanca** finamente picada

½ **jitomate** picado

2 cucharadas de **cilantro** fresco picado

½ cucharada de **sal kosher**

2 cucharadas de **jugo de limón** fresco

4 **pechugas de pollo** deshuesadas y sin piel

Sal y pimienta al gusto

8 **tiras de tocino**

1 cucharada de **aceite de canola**

Nunca hay suficientes maneras de 1) usar una pechuga de pollo deshuesada y sin piel, 2) comer aguacates machacados y 3) saborear el tocino crujiente. Por fortuna, esta receta permite las tres. Comenzar esta receta en la estufa antes de terminarla en el horno es un truco de cocina restaurantera que garantiza un exterior crujiente y un interior perfectamente cocido y jugoso.

1   Precalienta el horno a 200 °C.

2   Con un cuchillo corta alrededor del hueso de cada aguacate para separar las dos mitades. Retira los huesos y usa una cuchara para sacar la pulpa.

3   En un tazón grande mezcla el aguacate, la cebolla, el jitomate, el cilantro, la sal y el jugo de limón. Machaca y revuelve con un tenedor hasta que no queden trozos grandes de aguacate.

4   Sazona las pechugas de pollo con sal y pimienta por ambos lados. Corta por la mitad de manera transversal y luego crea una hendidura en el centro de cada mitad para hacer un bolsillo. Toma una cucharada colmada de guacamole y métela en el bolsillo. Pellizca los bordes para cerrarlo.

5   Envuelve cada pechuga de pollo con 2 tiras de tocino, asegurándote de que los extremos del tocino terminen en el mismo lado del pollo.

6   Calienta el aceite en un sartén a fuego alto. Dora el pollo envuelto en tocino durante 2 o 3 minutos por cada lado. Recuerda dorar los costados también. Coloca el pollo en un molde para horno y hornea por 10 minutos o hasta que esté bien cocido y la temperatura interna alcance 75 °C. Sirve de inmediato.

Bombas de salchicha y puré

PARA 16 BOMBAS

3 cucharadas de **mantequilla**

1 **cebolla** cortada en cubos

Sal y pimienta al gusto

600 gramos de **papas** peladas, picadas y hervidas

⅓ de taza de **queso cheddar** rallado

¼ de taza de **mantequilla** suavizada

8 **salchichas de cerdo** cocidas

¾ de taza de **harina común**

4 **huevos** batidos

¾ de taza de **pan molido**

Aceite de cacahuate o **vegetal** para una fritura profunda

Salsa gravy para servir

No hay un pub en el mundo que no quiera tener estos pequeños conjuntos de salchichas y papas en su menú. Encerradas en una capa de crujiente pan molido, son una excelente manera de usar los sobrantes o el puré de papas. Sírvelas con cerveza en una fiesta o con un par de huevos fritos para el mejor de los desayunos.

1   Derrite la mantequilla en una cacerola pequeña a fuego medio-bajo. Agrega la cebolla, sazona con sal y pimienta, y cocina hasta que esté dorada y caramelizada, revolviendo ocasionalmente alrededor de 30 minutos.

2   Machaca las papas, la cebolla caramelizada, el queso, la mantequilla, la sal y la pimienta. Corta las salchichas en trozos de 5 centímetros y envuelve la salchicha en la mezcla de papa.

3   Coloca 3 tazones, cada uno con una capa diferente: harina, huevos y pan molido. Cubre las salchichas primero con harina, luego con huevo, luego con pan molido; enseguida, una vez más con huevo y, por último, con pan molido. (Con el fin de reducir el revoltijo, mantén una mano «seca» para cubrirlas con la harina y el pan, y una «húmeda» para cubrirlas con huevo).

4   Calienta el aceite en una olla grande a 160 °C. Si no tienes un termómetro puedes probar el aceite colocando un pequeño trozo de pan blanco. Si chisporrotea y se dora en 45 segundos, el aceite está listo.

5   Fríe cuidadosamente las bombas de salchicha y puré en tandas pequeñas unos minutos hasta que se hayan dorado. Trabaja 4 a la vez para que la temperatura del aceite no baje demasiado. Escurre sobre una toalla de papel, espolvorea con sal y sirve con salsa gravy tibia.

Bombas de pizza

Mantequilla para engrasar el sartén

1 lata (460 gramos) de **masa para bísquets**

230 gramos de **salsa marinara**

¼ de kilogramo de **pepperoni** en rebanadas

1 bola de **queso mozzarella** cortada en cubos

3 cucharadas de **mantequilla** derretida

2 **dientes de ajo** picados

Sal y pimienta al gusto

1 cucharada de **condimento italiano**

Queso parmesano rallado para cubrir

Si hicieras una mezcla entre un calzone con un pan con ajo, básicamente terminarías con estas minibombas de pizza portátiles. El truco genial aquí consiste en empezar con la masa de bísquets; abrir la lata es la puerta de entrada al relleno fácil, la formación... y la diversión. Una cubierta de mantequilla y una pizca de queso parmesano antes de hornear les ofrece una pincelada de grandeza. Siéntete libre de personalizar estas bombas con tus ingredientes de pizza favoritos.

1   Precalienta el horno a 190 °C. Forra una bandeja para hornear con papel encerado y engrásalo con mantequilla.

2   Corta cada bísquet por la mitad. Haz bolita cada mitad y aplánala en forma de círculo con tu pulgar. Coloca una cucharada pequeña de salsa marinara, una rebanada de pepperoni y un cubo de mozzarella en cada círculo de bísquet. Levanta los bordes una y otra vez, presionándolos y asegurándote de no dejar espacios para que el relleno se filtre. Coloca las bombas de pizza en la bandeja para hornear.

3   Mezcla la mantequilla derretida, el ajo, la sal, la pimienta y el condimento italiano en un tazón pequeño. Barniza cada bomba de pizza con la mezcla de mantequilla y cubre con queso parmesano.

4   Hornea durante 15 o 20 minutos, o hasta que las bombas se doren bien. Una vez que estén lo suficientemente frías para manejarlas, sirve.

Bomba de brownie napolitano

2 paquetes de mezcla **para brownie**

²/₃ de taza de **aceite vegetal**

2 **huevos**

1½ litros de **helado de fresa** suavizado

1 litro de **helado de vainilla** suavizado

½ litro de **helado de chocolate** suavizado

Cacao en polvo al gusto

Debajo de esta cúpula de generosidad se encuentran múltiples capas de brownie y helado, moldeadas con la ayuda de tazones apilables. El moldeado, el relleno y la congelación ocurren en múltiples pasos, lo cual demuestra que a veces el ingrediente esencial en una receta es el tiempo.

1 Precalienta el horno a 180 °C. Forra dos bandejas para hornear con papel encerado y forra un tazón grande con una envoltura de plástico.

2 En un tazón mediano revuelve un paquete de la mezcla de brownie, la mitad del aceite, ⅓ de taza de agua y un huevo hasta que se hayan incorporado. Vierte la mezcla en una bandeja preparada y extiende con una espátula hasta que quede uniforme.

3 Repite con la otra mezcla de brownie. Hornea ambas bandejas durante 13 o 15 minutos, hasta que los brownies estén cremosos, pero firmes. Retira del horno y deja enfriar aparte.

4 Una vez que los brownies estén fríos, corta una bandeja de brownies por la mitad a lo largo, luego en 8 rectángulos iguales. Corta 4 de esos rectángulos en diagonal, para formar un total de 8 triángulos y 4 rectángulos. Acomoda las piezas de brownies en el tazón forrado para cubrir los lados y la parte inferior. Una vez que el interior esté cubierto por completo, presiona con firmeza todos los brownies, en especial en los espacios donde se unen, para crear un «caparazón» de brownie. Asegúrate de que no queden huecos en la capa externa.

5 Coloca el helado de fresa en el caparazón de brownie y alisa con una espátula. Cubre con una envoltura de plástico y acomoda un tazón mediano sobre el helado. Presiona ligeramente hacia abajo para que el helado de fresa se levante por los lados y llegue hasta la parte superior del tazón. Congela por 3 horas hasta que la capa de fresa esté sólida.

6 Desenvuelve y repite el proceso con el helado de vainilla: cúbrelo con plástico y presiona un tazón pequeño para que el helado de vainilla salga también por los lados y quede al ras con la capa de fresa. Vuelve a colocar en el congelador por 2 horas más.

7 Mientras tanto, corta un círculo en la otra bandeja de brownies de la misma circunferencia del tazón grande. Cubre con este círculo las capas de helado para crear una base cuando voltees la bomba.

8 Destapa la capa de vainilla ya congelada, llena el centro con helado de chocolate y cubre con el círculo cortado de brownie. (¡Guarda las sobras de brownie para más tarde!). Presiona el círculo para asegurarlo y sellar bien los bordes. Congela la bomba completa durante 1 hora.

9 Retira con cuidado la bomba del congelador y voltéala sobre una tabla para picar o bandeja de servir. Es posible que la tengas que descongelar un par de minutos antes para que se desprenda del tazón. (Pasar una toalla tibia alrededor del tazón también servirá). Una vez que puedas levantar el tazón fácilmente, descubre la bomba y tamiza el cacao en polvo encima.

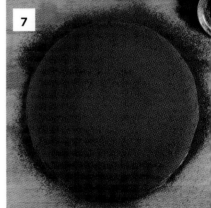

Bombas de pretzel rellenas de hamburguesa con queso

PARA 14 BOMBAS

½ kilogramo de **masa para pizza** dejada a temperatura ambiente de 15 a 20 minutos

7 rebanadas de **queso americano** cortadas a la mitad

14 **minialbóndigas** del supermercado (descongeladas)

¼ de taza de **bicarbonato de sodio**

1 **huevo** batido

Sal marina de grano

Mostaza amarilla para servir (opcional)

Cuando una receta parece más complicada de lo que es, pero aun así sabe a gloria, estás en una posición de ganar-ganar. Estos cilindros rellenos de albóndigas y envueltos en queso son un gran ejemplo de ello. La mejor parte es que después de hacerlos sabrás convertir en pretzels todo aquello que puedas envolver en una masa de pizza simple; el secreto es... espera... ¡bicarbonato de sodio! Ve la receta para más detalles y luego convierte en pretzel todo lo que haga feliz a tu corazón.

1   Precalienta el horno a 220 °C. Cubre una bandeja para hornear con papel encerado.

2   Corta la masa en 14 piezas de tamaño uniforme. Trabaja una a la vez. Estira un trozo de masa en una tira larga de aproximadamente 20 centímetros de largo. Coloca un trozo de queso en la parte superior, seguido de una albóndiga, y enrolla el queso y la albóndiga con la masa. Gira a la mitad del rodamiento para asegurarte de que estás envolviendo por completo el queso y la carne en la masa. Jala con fuerza y usa cualquier holgura restante para cubrir posibles huecos o agujeros. Presiona la masa sobre sí misma para sellar y coloca en la bandeja para hornear. Repite con la masa, el queso y las albóndigas restantes.

3   En una cacerola mediana a fuego alto hierve 5 tazas de agua. Una vez que hierva, agrega el bicarbonato de sodio y revuelve para disolver. Vuelve a hervir el agua con el bicarbonato.

4   En tandas (trabajando de 3 a 5 a la vez), agrega las bolas de masa enrolladas en la olla y deja hervir durante 20 o 30 segundos, revolviendo suavemente. Retira y presiona ligeramente con una toalla de papel antes de volver a colocar en la bandeja para hornear. Repite con las bolas de masa restantes.

5   Barniza cada bola hervida con el huevo batido y luego espolvoréala con sal marina gruesa. Hornea durante 15 o 20 minutos, hasta que la parte exterior se haya dorado. Sirve caliente con mostaza, si así lo deseas.

Bombas de albóndigas con cebolla y tocino a la barbecue

½ kilogramo de **carne molida**

1 cucharadita de **ajo en polvo**

1 cucharadita de **cebolla en polvo**

1 cucharadita de **pimienta negra**

2 cucharaditas de **sal**

¼ de taza de **pan molido**

3 **dientes de ajo** picados

½ **cebolla** cortada en cubos

⅓ de taza de **perejil** fresco sin apretar

1 **huevo**

1 cucharada de **salsa cátsup**

1 cucharada de **mostaza**

1 cucharadita de **salsa inglesa** (**Worcestershire**)

1 cucharada de **miel**

4 **cebollas** medianas

230 gramos de **queso cheddar** partido en cubos

16 tiras de **tocino**

450 gramos de **salsa barbecue**

El estante de condimentos de tu refrigerador ofrece una gran cantidad de ideas frescas para cocinar. Sí, ¡hablamos de la salsa barbecue! Si está entre los contenidos de tu refrigerador, puedes formar estas bombas extragrandes y deliciosas. Las rellenamos aquí con queso cheddar, pero tú puedes elegir el queso de tu variedad favorita. Hay una envoltura de tocino, pero es la chispa del sabor de la barbecue lo que la lleva de lo básico a lo bomba.

1   Precalienta el horno a 220 °C. Cubre una bandeja para hornear con papel encerado.

2   En un tazón grande combina la carne molida con el ajo en polvo, la cebolla en polvo, la pimienta, la sal, el pan molido, el ajo, la cebolla picada, el perejil, el huevo, la salsa cátsup, la mostaza, la salsa inglesa y la miel hasta que se hayan mezclado de manera uniforme. Refrigera.

3   Corta las 4 cebollas verticalmente en una tabla para picar. Retira el tallo y la raíz de cada pieza. Las capas de cada cebolla actuarán como «cáscaras» para envolver cada albóndiga.

4   Retira la mezcla de albóndigas del refrigerador y toma entre tus dedos una cantidad de mezcla de carne del tamaño de una pelota de golf. Presiona un pequeño cubo de queso cheddar en el centro. Forma una albóndiga con tus manos.

5   Envuelve cada albóndiga en 2 «cáscaras» de cebolla y luego en 2 o 3 tiras de tocino, asegurándolas con un palillo. Llévalas a la bandeja para hornear. Barniza las albóndigas con salsa barbecue hasta cubrirlas por completo.

6   Hornea durante 45 minutos, o hasta que las albóndigas estén bien doradas y tengan una buena corteza en el exterior. Rocía una vez más con la salsa barbecue a la mitad del horneado.

Anillo de lasaña para fiesta

PARA 10 PORCIONES

18 **hojas de lasaña**

3 cucharadas de **aceite de canola** y un poco adicional para la bandeja para hornear

½ **cebolla** cortada en cubos

4 **dientes de ajo** picados

350 gramos de **carne molida magra** 80%

350 gramos de **salchicha italiana dulce** molida

1 cucharadita de **sal**

1 cucharadita de **pimienta negra**

1 lata (800 gramos) de **jitomates triturados**

425 gramos de **queso ricotta**

½ taza de **queso parmesano** rallado

¼ de taza de **albahaca** fresca picada

1 **huevo**

2 tazas de **queso mozzarella** rallado

Salsa marinara para servir

Admítelo: esas crujientes y crocantes esquinas de la lasaña prácticamente te dan vida. Si ese es el caso, prepárate para ganar nueve vidas con esta versión que pone la pasta, la salsa y el queso en forma de anillo. La participación de un molde Bundt (en forma de corona) en el procedimiento aumenta en gran medida el contacto entre la pasta y el molde. Así que no importa cómo la cortes, esta lasaña es una fiesta.

1   Hierve las hojas de lasaña en una olla grande rellena de agua con sal hasta que quede al dente, o 2 minutos antes de lo que indican las instrucciones del paquete. Escurre y coloca las hojas de pasta cocida en una bandeja para hornear engrasada. También engrasa la pasta superpuesta para evitar que se pegue.

2   Precalienta el horno a 190 °C.

3   En una olla grande a fuego alto agrega las 3 cucharadas de aceite, la cebolla y el ajo, y cocina hasta que la cebolla y el ajo comiencen a dorarse, revolviendo ocasionalmente, de 2 a 3 minutos. Añade la carne de res, la salchicha, la sal y la pimienta, y cocina rompiendo la carne conforme revuelves, hasta que toda la humedad se haya evaporado y la carne comience a dorarse en los bordes, entre 4 y 5 minutos. Agrega la salsa de tomate. Luego reduce el fuego a lento y sigue cocinando hasta que la salsa se vuelva extremadamente espesa, casi como pasta, revolviendo ocasionalmente, de 10 a 15 minutos. Retira la olla del fuego.

4   En un tazón mezcla el queso ricotta, el queso parmesano, la albahaca y el huevo, y revuelve hasta que obtengas una mezcla suave. Deja aparte.

5   Rebana 6 de las hojas de lasaña por la mitad. Estas servirán como capas entre la carne y la mezcla de queso.

6   Rocía un molde Bundt con spray antiadherente para cocinar. Coloca 12 hojas de lasaña en el fondo, expandiéndote como en un abanico en un patrón superpuesto. Un extremo de las hojas debe ser tan alto como el centro del molde, y el otro extremo de las hojas debe colgar a los lados.

7   Espolvorea la mitad del mozzarella en el fondo del sartén, sobre la pasta. Esto ayudará a unir las hojas cuando estén cocidas. Extiende la mitad de la mezcla de carne de manera uniforme en un anillo sobre la parte superior del queso mozzarella. Acomoda la mitad de las hojas de pasta cortadas sobre la parte superior para crear una capa. Extiende toda la mezcla de queso ricotta sobre las hojas en un anillo uniforme. Enseguida acomoda más capas con el resto de la pasta y la salsa de carne.

8   Dobla los bordes de las hojas de lasaña que cuelgan sobre los lados del molde hacia el centro, para crear otro patrón superpuesto. Espolvorea el resto del queso mozzarella encima de manera uniforme.

9   Dobla los bordes de las hojas de lasaña que cuelgan sobre los lados del molde hacia el centro, para crear otro patrón superpuesto. Espolvorea el resto del queso mozzarella encima de manera uniforme.

Anillo de pan de plátano relleno de cheesecake

CHEESECAKE

450 gramos de **queso crema** suavizado

½ taza de **azúcar glass**

1 cucharadita de **vainilla**

PAN DE PLÁTANO

4 **plátanos** maduros

1½ tazas de **harina común**

½ taza de **azúcar granulada**

1 cucharadita de **polvo para hornear**

4 cucharadas de **aceite vegetal**

1 **huevo**

1 cucharadita de **bicarbonato de sodio**

¼ de cucharadita de **sal**

1 cucharadita de **canela**

1 cucharadita de **extracto de vainilla**

CARAMELO

1 taza de **azúcar granulada**

6 cucharadas de **mantequilla**

½ taza de **crema para batir** a temperatura ambiente

Ah, hola, pan de plátano relleno de cheesecake y glaseado con caramelo. ¿Podrías ser más adictivo? Los plátanos supermaduros (algunas manchas cafés en la cáscara son perfectas aquí) te proporcionarán un pastel extrahúmedo, y es sorprendentemente fácil crear el centro de cheesecake. Mientras se hornea el pastel, hierve el caramelo, enfríalo y rocíalo sobre el pastel todavía tibio. (Pssst, ¡el caramelo es genial también sobre los helados!).

1   Precalienta el horno a 180 °C.

2   En un tazón mediano revuelve el queso crema, el azúcar y el extracto de vainilla hasta que obtengas una mezcla suave. Refrigera.

3   En un tazón grande machaca los plátanos con un tenedor. Agrega la harina, el azúcar, el polvo para hornear, el aceite, el huevo, el bicarbonato de sodio, la sal, la canela y la vainilla. Revuelve hasta que todo esté combinado, sin mezclar demasiado. Vierte la mitad de la masa en un molde Bundt engrasado.

4   Con una cuchara para helado coloca la mezcla de queso crema de manera uniforme sobre la masa del pastel en el molde. Asegúrate de que la mezcla no toque los costados. Vierte el resto de la masa de pan de plátano encima y alisa de manera uniforme. Hornea por 30 minutos o hasta que el pan de plátano esté dorado.

5   Para elaborar el glaseado de caramelo calienta el azúcar en una cacerola a fuego medio-alto. Una vez que comience a derretirse revuelve con una cuchara de madera o bate. Cuando llegue a ebullición, agrega la mantequilla y revuelve hasta que se derrita. Retira del fuego, añade la crema para batir y de inmediato revuelve hasta incorporarla. (Asegúrate de que la crema esté a temperatura ambiente o de lo contrario el caramelo se cuajará). Deja que el caramelo se enfríe y se vuelva más espeso.

6   Voltea el pan de plátano en una rejilla colocada encima de una bandeja para hornear. Vierte el glaseado de caramelo sobre el pastel, dejando que el exceso gotee de la rejilla, sobre la bandeja para hornear. Una vez que el glaseado se haya asentado, corta el pastel.

Gracias al personal de Tasty de 2017 por todo lo que hacen, todo el tiempo.

PRODUCTORES

Pierce Abernathy
Hitomi Aihara
Katie Aubin
Adam Bianchi
Brenda Blanco
Mel Boyajian
Betsy Carter
Isabel Castillo
Matthew Crampa
Jody Duits
Daysha Edewi
Joey Firoben
Rachel Gaewski
Andrew Gauthier
Hector Gomez
Crystal Hatch
Andrew Ilnyckyj
Matthew Johnson
Jordan Kenna
Julie Klink
Cyrus Kowsari
Gwenaelle Le Cochennec
Tiffany Lo
Scott Loitsch
Diana Lopez
Rie McClenny
Katie Melody
Kiano Moju
Nathan Ng
Claire Nolan
Merle O'Neal
Ryan Panlasigui
Greg Perez
Cedee Sandoval
Ochi Scobie
Chris Salicrup
Marie Telling
Frank Tiv
Jody Tixier

Alix Traeger
Vaughn Vreeland
Kahnita Wilkerson
Alvin Zhou

PRODUCCIÓN / OPERADORES / REDES SOCIALES / ADAPTACIONES / ESTADÍSTICAS DE VIDEOS

Maíra Corrêa
Gabi D'Addario
Bryanna Duca
Matt Ford
Nick Guillory
Ashley McCollum
Ryan Mei
Angela Ruffin
Stephen Santayana
Tanner Smith
Nora Snee
Stevie Ward
Lauren Weitz

COMIDA

Alexis deBoschnek
Carrie Hildebrand
Claire King
Chloe Morgan
Angie Thomas

MARCA

Camille Bergerson
Nora Campbell
Sarah Freeark
Robert Gilstrap
Mike Goodman
Liza Kahn
Dylan Keith
Brendan Kelly
Grace Lee
Jess Maroney
Melissa Ng
Ken Orlino

Ryan Panlasigui
Becca Park
Mike Price
Sami Promisloff
Tracy Raetz
Leigh Riemer
Dee Robertson
Katie Schmidbauer
Swasti Shukla
Kate Staben
Allex Tarr
Hannah Williams

INTERNACIONAL

Javier Aceves
Karla Agis
Leticia Almeida
Jordan Ballantine
Guta Batalha
Dani Beck
Matt Cullum
Pierre d'Almeida
Agatha Da Hora
Sebastian Fiebrig
Daisuke Furuta
Vanessa Hernández
Ellie Holland
Gaspar José
Thilo Kasper
Evelyn Liu
Isadora Manzaro
Erich Mendoza
Pierre Michonneau
Daiki Nakagawa
Ryushi Osaki
Lucía Plancarte
Suria Rocha
Gus Serrano
Sonomi Shimada
Toby Stubbs
Yui Takahashi
Jun Tsuboike
Vitor Hugo Tsuru
Nicolas Vendramini
Saki Yamada

Ryo Yamaguchi
Rumi Yamazaki

TÉCNICOS
Jess Anastasio
Sam Balinghasay
Chad Brady
Fred Diego
Sara Gulotta
Patrick Hernandez
Ryan Inman
Will Kalish
Caitlin Osbahr
Edgar Sanchez
Amir Shaikh
Swati Vauthrin
Graham Wood

Un agradecimiento especial para Viresh Chopra

BUZZFEED
PRODUCT
LABS

Gracias a los blogueros, chefs y desarrolladores de recetas que hacen fluir nuestros jugos creativos todos los días. Específicamente, gracias a estas personas que inspiraron algunas de las recetas de este libro.

Bryon Talbott (Esfera mágica de chocolate, página 146)
Cook's Country (Pollo cordon bleu, página 74)
Cook's Illustrated (Pollo Marsala, página 76, y lasaña clásica de jitomate, página 78)
Dinner, then Dessert (Las alitas búfalo más crujientes de todos los tiempos, página 118)
Feeling Foodish (Ratatouille al horno, página 100)
Food52 (Pollo a la parrilla con cerveza de lata, página 35)
Gimme Delicious Food (Coliflor búfalo al horno, página 99)
Haniela's (Galletas en forma de fidget spinner, página 158)
Honestly YUM (Tarta de manzana con caramelo en forma de rosa, página 59)
Just A Taste (Pollo meloso con piña, página 136)
Lindsay Hunt (Las galletas con chispas de chocolate más suaves de todos los tiempos, página 116)
Little Things (Bombas de albóndigas con cebolla y tocino a la barbecue, página 178)
Skinnytaste (Albóndigas de «carne» de calabacitas, página 93)
Spend With Pennies (Dip de jalapeño poppers, página 29)
Spoon University (Papas fritas emoji, página 151)
The Gunny Sack (Estofado de res de cocción lenta, página 83)
The Pioneer Woman (Rollo de canela gigante, página 52)
Tori Avery (Falafel, página 94)
Wholefully (Las galletas de azúcar más suaves de todos los tiempos, página 113)

Gracias a todos en Clarkson Potter por su visión, agilidad y dedicación.

Amanda Englander
Stephanie Huntwork
Jan Derevjanik
Chloe Aryeh
Mark McCauslin
Philip Leung
Kelli Tokos
Alexandria Martinez
Merri Ann Morrell
Linnea Knollmueller
Derek Gullino
Aislinn Belton
Kate Tyler
Carly Gorga
Erica Gelbard
Aaron Wehner
Doris Cooper
Gabrielle Van Tassel
Jill Flaxman
Katie Ziga
Christine Edwards

Gracias a nuestro equipo de fotografía por hacernos lucir en verdad muy, muy bien.

Lauren Volo
Molly Schuster
Maeve Sheridan
Christina Zhang
Jacklyn Reid
Joy Howard
Brianna Ashby
Jenifer Pantano
Greg Wright
Andie McMahon

Índice analítico

Nota: las referencias a las páginas en *cursivas* indican fotografías.